中国社会科学院国情调研特大项目"精准扶贫精准脱贫百村调研"

精准扶贫精准脱贫百村调研丛书

CASE STUDIES OF TARGETED POVERTY REDUCTION AND
ALLEVIATION IN 100 VILLAGES

李培林／主编

精准扶贫精准脱贫
百村调研·东胜村卷

稻米产业精准帮扶

王昌海／著

社会科学文献出版社
SOCIAL SCIENCES ACADEMIC PRESS (CHINA)

"精准扶贫精准脱贫百村调研丛书"
编 委 会

中国社会科学院国情调研特大项目
"精准扶贫精准脱贫百村调研"
项目协调办公室

主　任：王子豪
成　员：檀学文　刁鹏飞　闫　珺　田　甜　曲海燕

总　序

调查研究是党的优良传统和作风。在党中央领导下，中国社会科学院一贯秉持理论联系实际的学风，并具有开展国情调研的深厚传统。1988年，中国社会科学院与全国社会科学界一起开展了百县市经济社会调查，并被列为"七五"和"八五"国家哲学社会科学重点课题，出版了《中国国情丛书——百县市经济社会调查》。1998年，国情调研视野从中观走向微观，由国家社科基金批准百村经济社会调查"九五"重点项目，出版了《中国国情丛书——百村经济社会调查》。2006年，中国社会科学院全面启动国情调研工作，先后组织实施了1000余项国情调研项目，与地方合作设立院级国情调研基地12个、所级国情调研基地59个。国情调研很好地践行了理论联系实际、实践是检验真理的唯一标准的马克思主义认识论和学风，为发挥中国社会科学院思想库和智囊团作用做出了重要贡献。

党的十八大以来，在全面建成小康社会目标指引下，中央提出了到2020年实现我国现行标准下农村贫困人口脱贫、贫困县全部"摘帽"、解决区域性整体贫困的脱贫攻坚目标。中国的减贫成就举世瞩目，如此宏大的脱贫目标世所罕见。到 2020 年实现全面精准脱贫是党的十九大提出的三大攻坚战之一，是重大的社会目标和政治任务，中国的贫困地区在此期间也将发生翻天覆地的变化，而变化的过程注定不会一帆风顺或云淡风轻。记录这个伟大的过程，总结解决这个世界性难题的经验，为完成这个攻坚战献计献策，是社会科学工作者应有的责任担当。

2016 年，中国社会科学院根据中央做出的"打赢脱贫攻坚战"战略部署，决定设立"精准扶贫精准脱贫百村调研"国情调研特大项目，集中优势人力、物力，以精准扶贫为主题，集中两年时间，开展贫困村百村调研。"精准扶贫精准脱贫百村调研"是中国社会科学院国情调研重大工程，有统一的样本村选择标准和广泛的地域分布，有明确的调研目标和统一的调研进度安排。调研的 104 个样本村，西部、中部和东部地区的比例分别为 57%、27% 和 16%，对民族地区、边境地区、片区、深度贫困地区都有专门的考虑，有望对全国贫困村有基本的代表性，对当前中国农村贫困状况和减贫、发展状况有一个横断面式的全景展示。

在以习近平同志为核心的党中央坚强领导下，党的十八大以来的中国特色社会主义实践引导中国进入中国特色社会主义新时代，我国经济社会格局正在发生深刻变化，脱贫攻坚行动顺利推进，每年实现贫困人口脱贫 1000 多万人，贫困人口从 2012 年的 9899 万人减少到 2017 年的 3046 万人，在较短时间内实现了贫困村面貌的巨大改观。中国社会科学院组建了一百支调研团队，动员了不少于 500 名科研人员的调研队伍，付出了不少于 3000 个工作日，用脚步、笔尖和镜头记录了百余个贫困村在近年来发生的巨大变化。

根据规划，每个贫困村子课题组不仅要为总课题组提供数据，还要撰写和出版村庄调研报告，这就是呈现在读者面前的"精准扶贫精准脱贫百村调研丛书"。为了达到了解国情的基本目的，总课题组拟定了调研提纲和问卷，要求各村调研都要执行基本的"规定动作"和因村而异的"自选动作"，了解和写出每个村的特色，写出脱贫路上的风采以及荆棘！对每部报告我们都组织了专家评审，由作者根据修改意见进行修改，直到达到出版要求。我们希望，这套丛书的出版能为脱贫攻坚大业写下浓重的一笔。

中共十九大的胜利召开，确立习近平新时代中国特色社会主义思想作为各项工作的指导思想，宣告中国特色社会主义进入新时代，中央做出了社会主要矛盾转化的重大判断。从现在起到 2020 年，既是全面建成小康社会的决胜期，也是迈向第二个百年奋斗目标的历史交会期。在此期间，国家强调坚决打好防范化解重大风险、精准脱贫、污染防治三大攻坚战。2018 年春节前夕，习近平总书记到深度贫困的四川凉山地区考察，就打好精准脱贫攻坚战提出八条要求，并通过脱贫攻坚三年行动计划加以推进。与此同时，为应对我国乡村发展不平衡不充分尤其突出的问题，国家适时启动了乡村振兴战略，要求到 2020 年乡村振兴取得重要进展，做好实施乡村振兴战略与打好精准脱贫攻坚战的有机衔接。通过调研，我们也发现，很多地方已经在实际工作中将脱贫攻坚与美丽乡村建设、城乡发展一体化结合在一起开展。可以预见，贫困地区的脱贫攻坚将不再只局限于贫困户脱贫，我们有充分的信心从贫困村发展看到乡村振兴的曙光和未来。

是为序！

全国人民代表大会社会建设委员会副主任委员

中国社会科学院副院长、学部委员

2018 年 10 月

前　言

　　本调研报告是 2016 年中国社会科学院国情调研特大项目"精准扶贫精准脱贫百村调研"子课题的研究成果。

　　众所周知，2013 年，习近平总书记在湖南湘西十八洞村考察时首次提出了有关精准扶贫的重要理论。党的十八大以来，以习近平同志为核心的党中央把扶贫开发作为全面建成小康社会的最艰巨任务和最突出短板，已经摆到治国理政的重要位置，对脱贫攻坚做出了全面布署，明确要求"到 2020 年我国现行标准下农村贫困人口实现脱贫、贫困县全部摘帽、解决区域性整体贫困，如期实现全面建成小康社会"。今后扶贫发展的路径会按照党中央国务院统一部署，进一步完善现有扶贫机制和建立扶贫长效机制，在巩固现有精准扶贫成效的基础上，继续发挥我国制度优势，为世界贫困地区减贫做积极贡献。

　　按照 2011 年的扶贫标准（农村居民家庭人均纯收入2300 元 / 年），截止到 2013 年底，我国仍有 8200 多万贫困人口。在我国现行扶贫标准和不利的宏观经济环境下，2012~2016 年，实现了贫困人口的较大规模持续减少，4年间全国农村贫困人口减少了 5564 万人，每年减少 1391

万人。此外，我国贫困人口脱贫率不断提升：2013~2016年，4年的全国脱贫率为56.12%，分年度为16.7%、14.9%、20.6%和22.2%。此外，贫困地区的基本公共服务得到明显改善，特别是2016年，我国的贫困县退出首次实现零的突破。总体来看，我国实施精准扶贫精准脱贫国家战略以来，全党、全社会共同参与扶贫工作，为实现2020年全国人民一同迈进小康社会而努力。

2017年，习近平同志在中共中央政治局第三十九次集体学习时强调"更好推进精准扶贫精准脱贫，确保如期实现脱贫攻坚目标"。虽然我国整体脱贫攻坚战取得了决定性的进展，但仍面临着防止脱贫后返贫、深度贫困区按期脱贫等艰巨任务。因此，评估我国精准扶贫精准脱贫的成效，总结在扶贫过程中遇到的问题，找出有针对性的对策，是我国未来脱贫攻坚战需要重点研究的课题。

中国社会科学院是党中央、国务院重要的"思想库"和"智囊团"。深入实际，开展国情调研是其肩负的重要科研任务。国情调研项目是中国社会科学院最接地气、特色的"品牌"，得到了历届院党组的高度重视，其产出成果多次得到国家领导人的批示，部分成果直接纳入国家发展战略。2015年11月，中国社会科学院国情调研领导小组办公室启动特大项目"精准扶贫精准脱贫百村调研"，正式立项子课题"黑龙江省林甸县精准扶贫机制研究：以东胜村为例"。

林甸县隶属于黑龙江省大庆市，位于松嫩平原北部，哈大齐工业走廊中心地带，南邻油城大庆，北接鹤城齐齐哈尔，距省会哈尔滨 230 公里。全县面积 3503 平方公里，下辖 5 镇 3 乡 3 个林牧苇场，83 个行政村。林甸县属于国家级贫困县，2016 年，总人口 27 万，目前建档立卡的贫困人口有 56139 人，居住着汉、蒙古、回、满等 18 个民族。林甸县耕地面积 252.14 万亩，草原面积 108.6 万亩，林地面积 34.5 万亩，森林面积 37.8 万亩，湿地面积 112 万亩，是国家扎龙自然保护区的重要组成部分，也是世界八大湿地保护区之一。林甸县境内蕴藏着丰富的地热资源，其先后被命名为"中国温泉之乡"和"世界温泉养生基地"。

林甸县坚持精准发力，把产业扶贫作为脱贫攻坚的治本之策，立足找准并补齐短板，大力发展普惠型产业项目，努力拓宽贫困群众增收致富渠道。2017 年以来，紧紧依托区域资源和基础条件，实施了种植、养殖、务工就业、多种经营"四个一"产业扶贫工程，实现 60 岁以上、因病或无劳动能力贫困户"托牛入场"全覆盖，建档立卡贫困户生猪"资产收益"扶贫全覆盖，切实将"输血"变为"造血"，进一步提高了脱贫攻坚的质量和实效。

课题立项后，课题组开展了多轮次的小型讨论会，收到了中国社会科学院农村发展研究所、中国社会科学院社会学研究所、南京农业大学、北京师范大学、黑龙江八一农垦大学等科研院所及高校学者的宝贵意见。

课题调研期间，得到了林甸县委县政府、扶贫办、农业局以及东胜村村委会的大力支持；农户问卷调查过程中，东北农业大学的同学参与了农户访谈工作。本课题作为中国社会科学院国情调研特大项目的子课题，课题组先后两次赴林甸县及东胜村深入调研，通过座谈会以及问卷调查的方式，获取了较为翔实的资料及数据，最终的调研报告一定能为林甸县精准扶贫精准脱贫工作提供有益帮助。

目 录

第一章

绪　论

第一节　研究背景及意义

一　研究背景

　　新中国成立后，我国长期实行计划经济，基本上走的是一条由农村补贴城市、农业补贴工业的发展道路。在这种体制下，贫困主要集中在农村，具体表现为"普遍性的区域贫困与极端贫困"。随着1978年我国实行改革开放政策，农村地区首先实行家庭联产承包责任制，大大激发了农村的生产积极性，一些自然条件较好的农村迅速走上了脱贫致富的道路。而随着我国经济社会的稳定与发展，国家能够将财力大规模地投入扶贫运动，一些极端贫困地区和群体迅速摆脱贫困状态，并取得了举世瞩目的成就。2004 年 10 月 17 日，"国际消除贫困日"，中国宣布：农村贫困人口从 1978 年的 2.5 亿减少到 2003 年底的 2290 万，贫困人口占农村人口的比例由 30.7% 下降为 3% 左右。虽然我国减贫工作取得了辉煌的成就，但是，我国所使用的贫困线标准大大低于世界减贫贫困线标准，因此，我国于 2010 年重新制定了新的国家贫困线，即按 2010 年价格计算，我国的贫困线标准为每人每年 2300 元。在新贫困线制定后，我国加大了农村减贫力度，并重新测定了我国贫困人口与贫困分布情况。到党的十八大召开时的 2012 年，我国农村贫困发生率下降到 10.2%，农村贫困人口从 7.7 亿减少到 9899 万人，共减少农村贫困人口 6.7 亿人，对世界减贫的贡献率超过 70%。

尽管如此，截至 2012 年底，我国仍有近 1 亿农村贫困人口，相当于同期世界贫困人口的 11.2%，集中分布在 14 个集中连片特殊贫困区。同时，随着国家减贫、治贫力度进一步加大，当前我国的农村贫困人口呈现局部集中、总体分散的新特征，致贫原因、贫困分布、贫困程度等都发生了根本性的转变。国务院扶贫开发领导小组办公室主任刘永富做客中经在线访谈时说："经过多年的减贫工作，现在剩下的都是'硬骨头'"。

与此同时，以习近平同志为总书记的新一届领导集体十分关注扶贫攻坚问题。2012 年 12 月，党的十八大结束后不久，习近平总书记前往"环京津贫困带"上的河北阜平县考察贫困问题，提出"脱贫致富要有针对性，要一家一户摸情况"，这是精准扶贫思想的萌芽。2013 年 11 月，习近平总书记来到湖南湘西考察时指示，对于扶贫要"实事求是，因地制宜，分类指导，精准扶贫"，首次正式提出了"精准扶贫"。2014 年初中央制定了精准扶贫战略，《关于创新机制扎实推进农村扶贫开发工作的意见》的出台奠定了精准扶贫作为新时期中国农村扶贫开发战略思想的地位。2015 年 6 月习近平总书记在贵州召开部分省（区、市）扶贫攻坚与"十三五"时期经济社会发展座谈会，在会上提出了"六个精准"、"四个一批"、"三位一体"、落实领导责任制等一系列重要观点。2015 年 11 月的中央扶贫开发工作会，标志着扶贫方式从"大水漫灌""撒胡椒面"的粗放式扶贫向精准扶贫转变。2016 年 11 月，国务院印发《全国"十三五"脱贫攻坚规划》（国发〔2016〕64 号）。《规划》强调要全力进行扶贫攻坚，落实责任，形成良好的扶贫体制机制。2017 年 3 月，全国"两会"期间，习近平总书记发表重要讲话，提出脱贫攻坚全过程都要精准，有的需要下一番"绣花"功夫，要求进一步创新和落实精准扶贫。2018 年元旦，习近平总书记在新年贺词中强调："全社会要行动起来，尽锐出战，精准施策，不断夺取新胜利。"自此，有关精准扶贫的理论形成了一个基本完整的体系，一场精准扶贫战役如火如荼地展开。

党的十八大以来，以习近平同志为核心的党中央高度重视脱贫攻坚工作，把贫困人口脱贫作为全面建成小康社会的底线任务和重要指标，在全国范围全面打响了脱贫攻坚战，其力度之大、规模之广、影响之深，前所未有。精准扶贫提出近四年的时间，中国贫困人口由2012年底的9899万人锐减到2016年底的4335万人，四年间共减贫5564万人，平均每年减贫1391万人；全国农村贫困人口由2012年底的10.2%下降至2016年底的4.5%，下降5.7个百分点。消除贫困，满足人民群众对美好生活的向往，是社会主义的本质要求，是中国共产党人肩负的重要使命。中国特色的反贫困实践，形成了现代贫困治理的中国经验，为全球减贫事业推进提供了很好的范例，并具有重要的理论意义。

精准扶贫是习近平总书记扶贫理论的核心内容，是贫困治理的重大理论创新，是党中央治国理政新理念、新思想、新战略的重要组成部分。我国扶贫治理体系不断创新完善，贫困治理能力逐步提高，精准扶贫、精准脱贫、脱贫攻坚和"绣花功夫"抓扶贫取得了卓越成就。但是，截至2016年底，我国仍有4000多万农村贫困人口，尤其是黑龙江省，是我国扶贫攻坚的重点难点地区。黑龙江省的经济实力在东北经济区虽然仅次于辽宁省，但转型期内农村贫困程度一直是东北地区最高的，在全国范围内也处于劣势地位。黑龙江省农村贫困状况主要表现为：一是贫困人口、贫困村、贫困县较多，截至2015年底，黑龙江省共有农村贫困人口211万人，占全省农村总人口的10.93%；贫困村共计1765个，占全省行政村的19.59%；共有贫困县28个，其中国家级贫困县14个，省级贫困县14个。二是贫困地区连片，黑龙江省有11个县为连片贫困区，集中于大兴安岭南麓地区,是全国 14 个集中连片贫困区之一。三是产业发展单一,贫困地区经济社会发展相对滞后,尤其是集中连片贫困地区更是缺乏发展活力,造成产业发展单一、产业链条短及产品附加值较低。扶贫产业更是趋于发展牲畜饲养、水稻种植等产业,造成经济发展严重不协调。四是自然环境恶劣,连片贫困区集中分布在大兴安岭南麓地带,地理环境恶劣,自然灾害频发;平原地区,黑土层变薄,面源污染加重,耕地质量下降;低山丘陵地区水土流失比较严重,土壤沙化退化,旱灾、风灾突出,雪灾、冰雹、霜冻、洪涝和沙尘暴等多发。五是基础设施薄弱,农村固定资产投资规模小及增长相对缓慢,严重影响黑龙江省农村贫困地区基础设施建设的步伐,部分贫困地区出现"出行难、看病难、上学难、用电难及饮水不安全、居住条件差"等问题。

二 研究意义

当前,在精准扶贫政策的正确指导下,黑龙江省的扶贫工作取得了巨大的成就,然而,面对依旧庞大的、贫困程度不同的贫困人口,黑龙江省委省政府将如何制定下一步精准扶贫政策;如何推进精准帮扶实现精准脱贫;如何巩固脱贫效果、避免再次返贫;如何进行扶贫绩效评价?在当前已脱贫人口中,他们的生存、生活状况有没有得到真实的改善,改善程度如何,脱贫户对精准扶贫政策的主观满意度又如何?这些都是黑龙江省当前需要考虑的问题，同时是国家相关部门需要深入思考的问题。此外，针对当前变化的国家贫困现状及扶贫攻坚现状，学术界在精准扶贫研究及我国扶贫问题的研究中也将面临巨大挑战。同时，中国社会科学院作为党和国家的思想库、智囊团，为了能发挥这一作用及加强对重大问题开展国情调研工作的能力，根据《关于加强和改进国情调研工作的意见》规定，2016年中国社会科学院组织实施精准扶贫精准脱贫百村调研（简称"扶贫百村调研"）国情调研特大项目。项目对全国范围兼具代表性和典型性的100个贫困村开展村庄国情调研，包括一定比例的2010年以来已经脱贫的村庄。主要调研的内容包括村庄基本状况、贫困村状况及其演变、贫困的成因、减贫历程和成效、脱贫和发展思路、建议等，以及在调研过程中结合村庄特点的专题性研究。

从国家层面来看，进行"扶贫百村调研"国情调研特大项目是为了及时了解我国当前处于脱贫攻坚最前沿的贫困村的贫困状况、脱贫动态和社会经济发展趋势，真实全面掌握我国农村贫困区贫困人口的贫困信息及处境，并从村庄脱贫实践中总结当前精准扶贫精准脱贫的经验和教训，为进一步推动我国精准扶贫事业提供经验和政策借鉴，为实现到2020年我国全面消除贫困、建成小康社会贡献力量。从省级层面看，各地区自然地理环境、社会经济发展状况、传统文化、历史遗留问题及思想观念差异化明显，导致贫困人口在贫困分布、贫困结构、贫困程度及致贫原因等方面存在较大差异。因此在具体治贫施策中各省份都享有一定的自主权，实施的治贫脱贫政策、帮扶措施、扶贫效果也不趋一致。本次"扶贫百村调研"将贫困村调查覆盖全国，并针对不同省份、不同片区遴选调研贫困村；进驻专业调研组，全面调查该地区贫困的基本状况、贫困省份状况及其演变、贫困的成因、减贫历程和成效、脱贫和发展思路等。从这些调研结果中认清各省份贫困及扶贫现状，为下一步实施更加精准的扶贫政策、更加精准的帮扶措施、更加精准的脱贫规划做准备，真正使各贫困省份的贫困人口在2020年实现稳步脱贫、全面进入小康社会。同时本次调研将充分发挥中国社会科学院的专业学术科研优势，通过对各省份针对本地区特点所实施的具体帮扶措施、治贫方法进行总结概括，以文字的形式整理成报告，并逐渐向全国推广。

第二节　精准扶贫国内外研究现状

一　国内外扶贫瞄准实践研究

精准扶贫在世界范围内有着较长时间的实践探索，而在精准扶贫之前，扶贫瞄准早已成为国际社会普遍关注和实践探索的学术问题。[①] 扶贫瞄准是发展干预理论和实践

---

① 罗江月、唐丽霞:《扶贫瞄准方法与反思的国际研究成果》,《中国农业大学学报》(社会科学版) 2014年第4期, 第10~17页。

中的一个重要组成部分，提高扶贫瞄准精准度被认为是提高扶贫效率的重要途径。随着全球经济迅速增长和扶贫速度趋缓，国际社会对扶贫瞄准问题的讨论持续升温。[①] 对扶贫瞄准问题的讨论集中于 20 世纪 70 年代的发达国家和 90 年代的东欧及发展中国家，主要背景是普惠式扶贫、发展极模式、通览式福利制度、工作福利制度、满足基本需求式扶贫及社会保障式扶贫已不能适应当前国际社会的贫困现状和扶贫要求。

在国际社会的扶贫瞄准探索中，除了基础教育、公共卫生、基础设施建设等具有普惠性质的益贫措施外，大部分扶贫措施都需要瞄准扶贫对象。然而，扶贫瞄准不仅仅是扶贫措施的瞄准，还需要从以下三个角度进行瞄准。一是扶贫瞄准区域的确定。世界银行和一些学者指出，[②] 扶贫瞄准到县一方面使近一半的贫困人口被排斥在扶贫瞄准范围之外；另一方面贫困县财政困难和银行的营利性需要挪用扶贫资金或把扶贫资金用于其他领域，从而导致贫困人口享有资金的比例低下。因此，各国逐渐将扶贫区域瞄准到村（户），如拉美、东南亚地区流行的有条件现金转移支付项目，典型的国家包括巴西、墨西哥和菲律宾等，其项目分别叫作 Bolsa Familia、Oportunidades 和 4Ps，它们都建

---

① 檀学文、李静:《习近平精准扶贫思想的实践深化研究》,《中国农村经济》2017 年第 9 期, 第 2~16 页。

② 世界银行:《世界银行国别报告——中国战胜农村贫困》, 中国财政经济出版社, 2000; Riskin, Mehta, Zhong, et al., *Rural Poverty Alleviation in China: An Assessment and Recommendation*, Report prepared for UNDP, 1996; NG Wing-Fai, *Poverty Alleviation in the Ningxia Hui Autonomous Region, China, 1983-1992* (Hong Kong: The Chinese University of Hong Kong, 2000)。

立了自己的瞄准信息系统，这类项目通常针对有未成年子女或者孕产妇的贫困家庭，在满足一定的卫生保健、教育参与条件下，贫困家庭可以获得现金补助。同时，孟加拉国有一个知名的扶贫瞄准项目，主要是瞄准贫困家庭，这个项目叫瞄准极端贫困（TUP），致力于向贫困家庭提供生产性资产和技能培训。二是扶贫资金的瞄准绩效。国外学者一般是通过调查法或定量方法描述中央扶贫资金（包括财政扶贫资金、扶贫贴息贷款和以工代赈资金）的使用效率，指出三项扶贫资金的投放存在效率低下和偏离的现象。同时，关于扶贫资金应该投放的领域，国外学者也都认为，投放到农业领域比投放到工业领域能够给贫困人口带来更大的收益。[①] 另外，更高水平的人力资本存量会提高劳动生产率和资源配置能力，从而提高农户经济的效率。[②] 三是扶贫瞄准对象的确定。国外学者一般认为应该把管理成本、瞄准精度与扶贫资金使用效率三者结合起来确定扶贫瞄准的目标对象。世界银行提出要将扶贫对象瞄准到乡镇，他们认为瞄准到乡镇的费用并不很高，而且这种转变还会提高瞄准效率和工作效率，同时抵消工作人员成本费用。瞄准对象的确定需要政策制度的扶植，还要有良好的瞄准目标机制及完整的瞄准体制机制，一旦脱离这些因素的保障，

① A. Ganesh Kumar, *Falling Agricultural Investment and Its Consequences, Economic and Political Weekly*, 1992；Shenggen Fan, Linxiu Zhang and Xiaobo Zhong, *Growth, Inequality, and Poverty in Rural China*：*The Role of Public Investments. Research Report* 125 (Washington，D.C.：International Food Policy Research Institute，2002).

② World Bank, *Attacking Poverty* (Cambridge：Oxford University Press, 2001); Sen Amartya, *Commodities and Capacities* (Amsterdam: North Holland, 1985).

扶贫瞄准对象的确定将很难实现。

国内扶贫瞄准主要经历三个演变轨迹:一是从瞄准对象来看,经历了从普遍化到区域化再到具体化的过程;二是从瞄准角度来看,经历了从直接瞄准到间接瞄准再到直接瞄准与间接瞄准相结合的过程;三是从瞄准时序来看,经历了从主要瞄准经济资源到主要瞄准自然资源再到主要瞄准社会资源的过程。[1]中国一直有扶贫瞄准的努力,20世纪90年代中期,孟加拉乡村银行的扶贫小额贷款模式引入中国,作为扶贫到户的一种具体方式。[2]工作到村、扶贫到户的原则先后写入了《纲要1》和《纲要2》。在基层实践中,2004年,湖北长阳县创造性地开展了农户家庭基本情况普查,建立了扶贫到户管理信息系统;2009年,广东、重庆等地的地方政府开始在省级层面探索综合性精准扶贫路径。[3]

二 精准扶贫内涵界定

2013年11月3~5日,习近平到湖南考察,在花垣县十八洞村提出"扶贫要实事求是,因地制宜,要精准扶贫,切忌喊口号",这是精准扶贫概念第一次正式在我国提出。随着习近平关于精准扶贫的一系列讲话和国内学者对精准扶贫的深入研究,关于精准扶贫概念的研究已经非

---

[1] 许源源、苏中英:《和谐理念的缺失:农村扶贫瞄准偏离的重要原因》,《贵州社会科学》2007年第5期,第41~45页。

[2] 吴国宝:《农村小额信贷扶贫试验及其启示》,《改革》1998年第4期,第87~94页。

[3] 檀学文、李静:《习近平精准扶贫思想的实践深化研究》,《中国农村经济》2017年第9期,第2~16页。

常丰富，但是学术界并没有对精准扶贫进行明确界定。王思铁指出，[①]精准扶贫是针对不同贫困区域环境、不同贫困农户状况，运用科学有效程序对扶贫对象实施精准识别、精准帮扶、精准管理的治贫方式。随后，部分专家学者开始将精准考核纳入精准扶贫中。[②]其中，精准考核中的重点工程是扶贫效果的精准评估。精准评估扶贫效果可以检验不同层级扶贫部门的工作成效，落实扶贫工作责任制。[③]另外，界定精准扶贫意涵还应充分考虑扶贫对象、致贫因素、帮扶对策与脱贫成效的精准化等方面；[④]运用专项扶贫政策措施，构建社会、市场、政府"三位一体"的大扶贫格局，[⑤]动员全社会资源，做到"真扶贫、扶真贫"，切实有效地提高贫困人口收入，减少贫困人口数量。

与此同时，部分学者认为精准扶贫不仅是一种战术方法，更是一种战略选择与原则理念。[⑥]从战略的高度出发，

① 王思铁：《精准扶贫：改"漫灌"为"滴灌"》，《四川党的建设》（农村版）2014 年第 4 期，第 24 页。

② 汪三贵、郭子豪：《论中国的精准扶贫》，《贵州社会科学》2015 年第 5 期，第 147、149~150 页；李鹍：《论精准扶贫的理论意涵，实践经验与路径优化——基于对广东省和湖北恩施的调查比较》，《山西农业大学学报》（社会科学版）2015 年第 8 期，第 810~812、815~816 页；葛志军、邢成举：《精准扶贫：内涵、实践困境及其原因阐释——基于宁夏银川两个村庄的调查》，《贵州社会科学》2015 年第 5 期，第 157~163 页；叶静：《近三年关于精准扶贫思想及实践的研究综述》，《福州党校学报》2016 年第 3 期，第 56~59 页；赵和楠、侯石安、祁毓：《民族地区"精准扶贫"的实施难点与改进建议——基于四省民族贫困区的调查》，《学习与实践》2017 年第 2 期，第 51~60 页。

③ 余泽梁、于长永：《精准扶贫问题研究述评》，《武汉职业技术学院学报》2016 年第 1 期，第 13~16、28 页。

④ 莫光辉：《精准扶贫：中国扶贫开发模式的内生变革与治理突破》，《中国特色社会主义研究》2016 年第 2 期，第 73~75 页。

⑤ 马尚云：《精准扶贫的困难及对策》，《学习月刊》2014 年第 19 期，第 25~26 页。

⑥ 左停、杨雨鑫、钟玲：《精准扶贫：技术靶向、理论解析和现实挑战》，《贵州社会科学》2015 年第 8 期，第 156~162 页。

将精准扶贫视为完成党和国家到 2020 年全面消除贫困、全面实现小康社会的宏伟愿望；从原则理念出发，将精准扶贫视为党和国家为人民服务的执政理念。部分学者指出，精准扶贫的内涵还应从生态扶贫角度进行解读，[①]就目前贫困现状来看，贫困主体大多生活在生态环境恶化的地区。精准扶贫的意义不仅在于对个体的识别和帮扶，更应该以生态为前提，在生态平衡的前提下实施脱贫攻坚。同时，随着互联网、大数据和云计算等科学技术融入社会发展，在精准扶贫内涵中还应加入大数据的思维，[②]精准扶贫的核心在于精准度，只有将现代科学技术真正融入贫困户的识别界定中，实现瞄准对象的精准化与治贫对策成效的精准化，[③]才能真正丰富精准扶贫的内涵。

精准扶贫理论是关于精准扶贫工作的完整观念体系，核心内容是精准扶贫、精准脱贫、脱贫攻坚和"绣花功夫"抓扶贫。[④]精准扶贫理论是精准扶贫内涵界定的总括，只有充分认清精准扶贫内涵，并进行充分界定，才能真正理解精准扶贫思想的真谛。精准扶贫理论是习近平总书记首创并构建其基本框架体系，是其治国理政思想的重要组

① 刘解龙：《经济新常态中的精准扶贫理论与机制创新》，《湖南社会科学》2015 年第 4 期，第 156~159 页；沈茂英、杨萍：《生态扶贫内涵及其运行模式研究》，《农村经济》2016 年第 7 期，第 3~8 页；骆方金：《生态扶贫：概念界定及特点》，《改革与开放》2017 年第 5 期，第 71~73 页；黄金梓、段泽孝：《论我国生态扶贫研究的范式转型》，《湖南生态科学学报》2016 年第 1 期，第 54~62 页。
② 郑瑞强、曹国庆：《基于大数据思维的精准扶贫机制研究》，《贵州社会科学》2015 年第 8 期，第 163~168 页。
③ 董家丰：《少数民族地区信贷精准扶贫研究》，《贵州民族研究》2014 年第 7 期，第 154~157 页。
④ 檀学文、李静：《习近平精准扶贫思想的实践深化研究》，《中国农村经济》2017 年第 9 期，第 2~16 页。

成部分。同时,精准扶贫理论在实践中逐步完善,精准扶贫内涵也将随着精准扶贫理论一起在实践中不断调整和实践,逐渐趋于成熟和完善。

三 关于精准扶贫精准识别的综述

(一)内涵界定

以往的扶贫开发都是整片推进、整村扶持,并没有从精准的视角识别贫困人口,最早关于贫困人口的识别探究也仅仅是提出要加大贫困人口的识别准确度。"精准识别"主要是指对贫困村和贫困户的识别。[1] 基于对农村贫困户的识别过程,尧水根认为,[2] 精准识别是指通过申请评议、公示公告、抽检、核查、信息录入等步骤,将贫困户有效识别出来,并建档立卡。总归而言,精准识别就是遵守各项原则、方法、程序,依据一定识别标准将真正的贫困人口识别出来。

(二)实施困境

一是精准识别存在"层级式"纵向识别与"参与式"横向识别的矛盾。"层级式"纵向识别看似逻辑严密、识别精准,但其层级过多,导致信息失真、识别成本过大,

① 邓维杰:《精准扶贫的难点、对策与路径选择》,《农村经济》2014年第6期,第80~81页。

② 尧水根:《论精准识别与精准帮扶实践问题及应对》,《农业考古》2016年第3期,第263~266页。

并且纵向识别的公开透明度不高，易出现寻租、转移贫困指标等情况，造成群众不满，甚至引起上访。二是精准识别面临贫困户信息不全不实、录入失真等困境。农村单因素致贫现象突出，且因子发生概率随机，例如大病返贫、家庭成员死亡返贫。在实际贫困认定中，少数地区存在收入"超标"人员瞒报收入、工作人员利用职务之便进行权力寻租、优亲厚友等现象。三是精准识别面临扶贫工作腐败丛生的困境和识别过程中存在规模排斥、区域排斥和识别排斥等问题。一方面，科层制管理缺乏对基层具体情况的了解，不利于扶贫工作精准化、个性化；另一方面，乡绅治理、宗族治村、乡霸制导，导致识别过程中基层干部偏袒亲属、挪用名额，出现严重的规模排斥、区域排斥和识别排斥。四是精准识别面临认识难统一、量化难把握的困境。通过对云、贵、黑、冀四地实地调研发现，各个村寨外出务工的年轻人较多，出现空巢村，遗留下的大多是老幼妇孺，政策宣传不到位，识别工作难以进行。各级乡镇党委、政府工作人员科学文化水平参差不齐，导致对精准扶贫贫困人口认识不统一，对精准识别政策吃不透，只能自以为是地进行摸查识别，识别问题层出。五是精准识别面临识别标准与实际标准误差较大及脱贫与返贫反复的困境。目前采用的识别标准是国家农村扶贫标准，这种量化指标较为固化，在实际识别过程中，工作人员很难进行准确界定。最难以把控的就是贫困线标准附近的农户，接受帮扶后快速脱离贫困，一遇到天灾人祸便退居贫困线以下，长期在脱贫与返贫之间徘徊。

四 关于精准扶贫精准帮扶的综述

精准帮扶指在精准识别贫困户及致贫原因的基础上制定有针对性的帮扶措施，引用医学术语叫作"靶向治疗"。关于精准帮扶实施困境，学术界存在以下三种观点。一是资金使用困境。扶贫资金不足是当前扶贫开发中最严重的问题之一，[①] 目前的扶贫资金大多来自上级财政和当地资金配套，资金来源渠道较窄，且扶贫资金分散、管理分治，使用效益不高。[②] 同时，县级自主权不大，资源分配不均且资金整合困难，[③] 将进一步加大扶贫难度。另外，资金的使用存在用途排斥，[④] 资金被直接挪用、调包换用等普遍现象。同时，在扶贫项目的资金使用上，扶贫项目与贫困户的实际承载力不符，扶贫资金经常采用"大锅饭"式的平均分配方式，[⑤] 导致资金使用后不能起到脱贫效果。最为严重的是由于资金有限，在资金分配上引起贫困户上访的现象。[⑥] 二是扶贫项目困境。精准帮扶在扶贫项目上存在扶贫制度设计缺陷。[⑦] 扶贫项目规划和投资缺乏制度安排，扶贫

① 杨秀丽：《精准扶贫的困境及法制化研究》，《学习与探索》2016 年第 1 期，第 108~110 页；黄燕霞：《精准脱贫视阈下社会组织参与农村扶贫的出路》，《石家庄铁道大学学报》（社会科学版）2016 年第 3 期，第 50~54、87 页。

② 莫任珍：《喀斯特地区精准扶贫研究——以贵州省毕节市为例》，《农业与技术》2015 年第 2 期，第 230~231、255 页。

③ 王国勇、邢溦：《我国精准扶贫工作机制问题探析》，《农村经济》2015 年第 9 期，第 46~50 页；季轩民、温焜：《新型城镇化视阈下我国农村精准扶贫困境及路径研究》，《改革与战略》2016 年第 5 期，第 112~115 页。

④ 邓维杰：《精准扶贫的难点、对策与路径选择》，《农村经济》2014 年第 6 期。

⑤ 李延：《精准扶贫绩效考核机制的现实难点与应对》，《青海社会科学》2016 年第 3 期，第 132~137 页。

⑥ 葛志军、邢成举：《精准扶贫：内涵、实践困境及其原因阐释——基于宁夏银川两个村庄的调查》，《贵州社会科学》2015 年第 5 期，第 157~163 页。

⑦ 李春明：《精准扶贫的经济学思考》，《理论月刊》2015 年第 11 期，第 5~8 页。

项目的开展与当地社会经济发展相悖，同时在项目实施过程中缺乏科学管理，在实施后无法得到后续政策和制度支持。以上问题导致扶贫项目仅仅局限于当前利益既得，无法实现可持续发展，[1]更不能保证贫困户实现长期稳定脱贫，往往会出现返贫现象，即重新回到"输血式"扶贫的状态。另外，各地在扶贫项目安排上大多注重物质建设，以实体的存在展现扶贫效果，主要集中在发展生产、易地搬迁和基础设施建设三大领域。简单地从物质实体进行帮扶，忽视贫困户多维贫困影响因素，无法从根本上解决贫困。同时，仅仅在物质基础上进行帮扶，由于帮扶指标受限，在扶持规模和帮扶力度上也无法有效进行帮扶，从而导致规模排斥的资金排斥。[2]三是思想观念困境。学者指出，乡村内平均主义思想对帮扶资源实际分配产生影响，在思想上未能梳理信心和脱贫意识。当扶帮扶资金被平均分配时就失去了精准扶贫的最初目标，扶贫项目涉及全员农户时，将会促使贫困户产生驳斥心理，对帮扶失去信心。

五　关于精准扶贫精准管理的综述

本文认为精准管理指运用信息化、动态化的管理平台及手段对人、资金、信息进行科学、有效的管理，因此，从以下三个方面进行阐述。一是"人"的管理，包括精准

---

① 公衍勇:《关于精准扶贫的研究综述》,《山东农业工程学院学报》2015 年第 3 期, 第 75~78 页。

② 邓维杰:《精准扶贫的难点、对策与路径选择》,《农村经济》2014 年第 6 期, 第 80~81 页。

扶贫帮扶人和被帮扶人。精准扶贫帮扶人包括政府、社会组织和个人。政府部门责任不清、制度保障缺失[①]是目前的首要问题，主要体现在乡镇及县级政府部门。各级政府部门各自为政，缺乏交流合作，从自身角度定位，造成资金整合不到位、权责不清等现实问题。以乡镇级为代表的一线扶贫队伍建设缺乏党组织领导，出现政府公信力缺失、工作分工不明确、责任推诿、工作落实不到位、贫困户识别排斥、扶贫资金使用排斥、项目配置排斥、产业项目不可持续运营及乡村"霸权"、农村"家族式"管理等问题。同时，当利益与权势挂钩时，一线政府扶贫人员开始出现寻租、资金私自挪用、非法占有等违法违纪行为。社会帮扶人员难以有效掌握当地被帮扶人的生活习惯、民风民俗，在与被帮扶人合作时导致扶贫措施严重受挫；在与政府接洽时过于保守和担忧，造成互相不信任，项目实施困难增加；更有社会组织以帮扶为名，敛取政府帮扶资金。与此同时，驻村扶贫工作队沉不下心去进行扶贫工作，一方面是个人家庭影响，其不能全身心投入工作；另一方面则是扶贫工作环境欠佳，主要有工资水平低、上级指标压力大及农村扶贫情况复杂。被帮扶人一直处于劣势地位，在精准扶贫的过程中往往作为旁观者，无法真正参与脱贫攻坚，主要原因是贫困户思想固化保守、内生动力不足、集体平均主义浓厚、具有强烈的福利依赖、缺乏对政府及社会组织的信任及依附心理等。二是"资金"的管理。我国扶贫

---

① 杨秀丽：《精准扶贫的困境及法制化研究》，《学习与探索》2016年第1期，第108~110页。

工作是政府主导，扶贫资金主要来源于上级财政和地方政府资金配套，[①] 资金的匮乏严重影响扶贫力度和项目的实施效果。首先表现为资金的挪用与调包转用，即资金用途排斥；其次，扶贫资金整合不到位、配置不均衡，[②] 将无法实现扶贫措施的进一步深化实施；再次，资金使用在制度上规定较死、缺乏灵活度，且各部门资金管理不协调，无法发挥资金帮扶的灵动性与有效性；最后，扶贫单位没有将扶贫资金审计工作纳入精准扶贫绩效考核工作，同时，资金审计方法尚未充分利用现代信息技术、审计成果利用不足，审计整改监督力度不足、审计情况尚未得到有效公开和审计机制不完善等都在一定程度上影响扶贫资金的管理工作。三是"信息"的管理。至今，我国精准扶贫工作尚未使用全国统一的扶贫信息系统，个别省份依然使用本省的信息系统，与国家信息系统不接轨，造成信息对接不畅通，增加了扶贫信息管理人员的整合难度。同时，地区信息系统的设计出现较大问题，表现为信息表格不符合人类思维习惯、信息录入方式复杂、冗杂信息存储较多等。信息系统安全性不高、信息缺乏安全备份、信息系统维护中断及安全维护缺失等将给扶贫工作造成破坏性隐患。另外，纸质版的信息录入表较多，造成了"表格式扶贫"。一线的扶贫工作人员将大部分时间浪费在民间走访、问卷录入、

---

① 田景鹃:《精准扶贫的内涵、实践困境及其原因分析——基于务川仡佬族苗族自治县的调查》,《当代经济》2015 年第 33 期, 第 94~95 页。

② 王国勇、邢溦:《我国精准扶贫工作机制问题探析》,《农村经济》2015 年第 9 期, 第 46~50 页; 季轩民、温焜:《新型城镇化视域下我国农村精准扶贫困境及路径研究》,《改革与战略》2016 年第 5 期, 第 112~115 页。

表格填写和整理入档方面，冗杂无用的表格增加了工作人员的负担，减少了真正的扶贫帮助时间。

六　关于精准扶贫精准考核的综述

精准考核是指对贫困村和贫困户识别、帮扶、管理的成效，以及对贫困县开展扶贫工作情况的良好考核，奖优罚劣，保证各项扶贫政策落到实处，逐渐建立以考核结果为导向的激励和问责机制。目前，扶贫政策、措施或者项目的实施具有阶段性的特点，在具体的实施过程中会面临各种风险挑战，难免会出现偏差。

针对精准扶贫全过程所进行的精准考核可以检验不同层级扶贫部门的工作成效，落实扶贫工作责任制。[1] 当前，精准考核要解决的是考核机制中的公平性、效率和考核方法的精准性问题，[2] 同时也要建立起明确的考核监督机制。目前，我国扶贫过程中缺乏独立的第三方社会服务机构的介入协助和考核监督。[3] 全国各个地区之所以出现考核困境，很大一部分原因是监督体制不成熟、监督体系不健全及监督力度不够。考核监督不能只有体制外的监督，还要有体制内部的监督，这才是最根本、最有效的。精准考核难点及缺乏监督机制是现实面临的最大难题，但是，精

---

[1] 葛志军、邢成举：《精准扶贫：内涵，实践困境及其原因阐释——基于宁夏银川两个村庄的调查》，《贵州社会科学》2015年第5期，第157~163页。

[2] 李延：《精准扶贫绩效考核机制的现实难点与应对》，《青海社会科学》2016年第3期，第132~137页。

[3] 邓维杰：《精准扶贫的难点、对策与路径选择》，《农村经济》2014年第6期，第80~81页。

第一章　绪论

021

准考核是一个完整的系统，对其研究绝不限于此。首先精准考核需要一个完整的考核系统，其中最重要的是考核指标。对精准扶贫绩效评价体系的研究，目前还处于起步阶段，需要学术界加大科研投入，争取在扶贫攻坚验收阶段能为国家提供全面、有效、权威的评价体系。

七 关于精准扶贫未来研究思考

精准扶贫是在我国扶贫攻坚、消除贫困、全面进入小康社会的时代大背景下提出的，不仅对我国经济社会发展具有重大意义，而且对构建与完善我国扶贫治理体系有着深远的理论启发。基于以上综述，当前对于精准扶贫的研究仍然存在一些不足，因此本文将从内涵趋向、学科融合和基层治理三个方面进行阐述。

（一）内涵趋向

精准扶贫的内涵趋向应包括政治趋向、经济趋向、文化趋向、社会趋向和生态趋向。政治趋向包括执政党执政能力、政府职能与公信力、政治稳定与民主发展、国家治理与民族繁荣、保障人权与公平正义、基层治理与社会和谐等方面的内容。经济趋向是在经济新常态下，要深入探索精准识别、精准帮扶、精准管理的包容性创新机制，形成可持续的扶贫长效机制。在经济新常态五大发展理念下，创新发展是精准扶贫的驱动引擎，协调发展体现精准扶贫资源分配的公平性，绿色发展保障精准扶贫的可持续性，开放发展拓宽精准扶贫的国际交流平台，共享发展带来福泽恩惠。文化扶贫是指精准扶贫应同社会主义核心价值观、中华民族伟大复兴中国梦、新常态下五大发展理念和社会主义先进文化建设相结合。社会趋向是指精准扶贫体现的是社会发展中的公平与效率问题、社会发展的权利与义务问题，同时还要考虑全社会的共同努力，构建全社会大扶贫格局。生态趋向是指精准扶贫一定要正确处理好经济发展与生态文明建设的关系。生态文明建设关系全国人民的根本幸福和国家整体利益的实现，是全面实现中华民族伟大复兴中国梦的重要内容。

（二）学科融合

精准扶贫是一门涵盖学科范围较广的大学问，需要秉承开放进取、兼容并包的态度，应构建泛学科协作科研体系，以解决现实问题。政治学视角下，应该明确执政党、各民主党派、政府、社会组织、公民、市场、机构、团体等在精准扶贫中的角色定位，发挥各自的优势。经济学视角下，应该发挥市场作用，促进扶贫资源合理有效配置，以社会经济发展带动扶贫进程。在生态学的视角下，需要将精准扶贫与生态文明建设相结合，处理好贫困区域的生态环境与经济可持续增长之间的良性发展关系。在心理学视角下，需要研究帮扶人与被帮扶人的现实心理，保证帮扶人以最大的热情投入扶贫工作，同时又能保证身体及心理满足，使被帮扶者有尊严、有信心、体体面面地摆脱贫困。精准扶贫理念博大精深，研究领域尚未得到充分触及，需要更多的学术研究者进行学科融合、潜心研究，为精准扶贫提供强大的理论支撑。

（三）基层治理

精准扶贫成败系于基层治理水平。精准扶贫是国家基层治理的代表，既是实现农村公共服务均等化的一个重要抓手，也是发展乡村社会经济的重要路径。精准扶贫不仅仅是国家单纯的扶贫治理，更是一个综合的治理农村、发展农村的重要抓手。一方面，精准扶贫政策的落实落地对基层治理机制和模式提出了新的要求；另一方面，基层民主发展也会反过来为精准扶贫良政实现提供保障。精准扶贫在识别、帮扶、管理、考核及退出等过程中需要丰富民主形式，拓宽民主渠道，将普通老百姓的声音集中反馈，充分保障基层群众的知情、参与、表达与监督等权利，做到民为主、民声即是政府之声。精准扶贫还需要进行公平、公正、公开的民主协商，基层在扶贫过程中要充分调动普通农民的内生发展积极性，在帮扶者与被帮扶者之间建成一张运行良好、利益交织的扶贫网，形成基层协商民主良好局面。基层治理方式、能力好坏通过基层民主具体表现出来，而基层民主得以保障反过来将进一步促进精准扶贫的有效实施。

第三节 研究方法

一 主要部门访谈

本课题采用县、乡镇政府部门访谈和村干部访谈两种主要部门访谈方法。在县、乡镇政府部门访谈中，课题组通过开展座谈会，全方位了解该地区农村贫困群体分布情况、生活状况、收入支出情况、贫困原因等；同时了解该地区在扶贫过程中所实施的扶贫方式、重要举措、资金整合、人员配置、扶贫成绩、遇到的困难、总结出的扶贫经验启示和下一步的扶贫政策制定等。在村干部访谈中，通过与村两委进行交谈，全面了解贫困村的贫困户识别机制、村扶贫项目安排、帮扶责任人安排和村扶贫资金的使用情况；贫困户的家庭状况、收入支出、致贫原因、安排的扶贫措施和脱贫效果等；该村扶持政策的运行状况及对贫困户产生的影响、村扶贫工作中遇到的困难、下一步的扶贫项目安排及当前扶贫经验启示等。

二 问卷调查

本调研使用的问卷由中国社会科学院统一制定，包括村问卷和住户问卷。村问卷主要内容包括村庄基本情况、五年来的发展变化、村集体经济发展情况、村治理基本情况、村干部职务演变情况、村发展项目和扶贫项目争取及落实情况、村学校和教育发展情况、劳动力技能培训开展情况、劳动力外出务工就业情况、贫困户精准识别和调整情况等。主要目的是通过对村两委成员进行问卷调查来详细、全面了解村庄当前的精准扶贫实施发展现状。住户问卷主要内容包括家庭成员、住房条件、生活状况、健康与医疗、安全与保障、劳动与就业、政治参与、社会联系、时间利用、子女教育和扶贫脱贫等。主要目的是通过问卷信息的采集整理了解住户人口、经济、生活、享受惠农政策等基本情况；了解贫困户的贫困状况、致贫原因以及贫困变化减缓情况；了解贫困户享受扶贫政策情况及其效果。本次调查共发放问卷121份，其中村问卷1份，住户问卷120份，回收问卷121份，回收率为100%。经后期检查核对，剔除信息严重缺失及不符合标准的问卷后，得到有效村问卷1份，住户问卷111份，其中，住户问卷合格率为92.5%。

第四节 研究思路

本研究以习近平为总书记的新一届领导集体为消除贫困，提出到2020年全面建成小康社会的宏伟目标为大背景，以中国社会科学院为更好地发挥党和国家思想库、智囊团的重要作用，对重大问题开展国情调研而实施的"精准扶贫精准脱贫百村调研"国情调研特大项目为小背景。以全面了解和展示我国当前处于脱贫攻坚战最前沿的贫困村的贫困现状、脱贫动态和社会经济发展趋势，从村庄脱贫实践中总结精准扶贫精准脱贫的经验教训为主要目标。选定位于我国东北部的东胜村作为调研点，进村入户调研。

　　本报告分为六大部分，第一部分是绪论，其中，第一节论述本研究的背景及意义；第二节主要阐述精准扶贫国内外研究现状；第三、第四节分别叙述本研究所使用的研究方法及研究思路，以期能更好地使读者明晰本报告的研究脉络。第二部分主要介绍调查区域概况，从林甸县自然地理概况及社会经济发展状况出发，以宏观视角介绍林甸县及东胜村的特殊自然地理环境及社会经济发展状况，以微观视角介绍该村农户家庭生活及生产情况。第三部分将描述东胜村精准扶贫精准脱贫现状，以林甸县扶贫机制为起点，引出东胜村的主要致贫因素，通过对致贫因素的把握来"对症施药"，同时介绍该村当前的扶贫效果及存在的问题。第四部分主要通过数据分析，描述东胜村精准扶贫后农户满意度及其影响因素，并提出具有建设性的意见和建议。第五部分主要从扶贫对象及脱贫对象、主要选择的扶贫模式及相应对策等角度论述完善东胜村精准扶贫精准脱贫的机制。第六部分作为后记，主要阐述本研究过程中遇到的问题及需要改善的方面，并对本次调研过程中给予帮助配合的人员表示感谢。本研究的技术路线见图1-1。

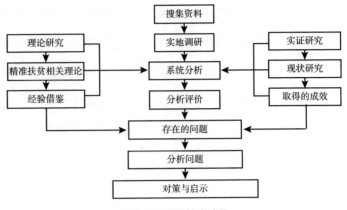

图 1-1 研究技术路线

第二章

调查区域概况

第一节　林甸县自然地理概况

　　林甸县位于黑龙江省西南部，东与明水、青冈县接壤，南与大庆市毗邻，西与杜尔伯特蒙古族自治县交界，北与富裕、依安县相连，隔乌裕尔河与齐齐哈尔市相望。林甸县境内地势平坦，海拔142.7~172.4米，东北高，西南低，自然坡降1/2500~1/3000。土质富含黏粒成分，不易透水。全县土壤pH值平均在8~8.7，呈微碱性。地质结构为第四纪冲积平原，冲积层最厚达205米。林甸县气候属北温带大陆性气候，大陆性明显，季节性强，春季干旱多风，夏季温热多雨，秋季降温急剧，冬季严寒，四季温差较大。年平均气温3.8℃。年平均无霜期129天左右，年平均降水417.2毫米，年平均日照时数 2807 小时。林甸县自然资源丰富，有耕地 149.2 万亩，林地 35 万亩，水域 60 万亩，苇地 34.2 万亩，湿地 112 万亩。林甸县地肥、草茂、水足，不仅动物种类繁多，植物资源也极为丰富，野生植物有 51 科 250 余种；鱼类有 9 科 30 种；鸟类有 16 目 36 科 149 种；昆虫有 10 余目，100 余种；底栖动物、浮游动物、两栖动物种类较为丰富；哺乳动物有 19 种。林甸县境内有天然河流乌裕尔河、双阳河和九道沟子，人工河有北部引嫩运河和西北部引嫩运河。地下水 2.03 亿立方米，用水总量 1.07 亿立方米。林甸县地热静态储量为 1810 亿立方米，地热井井口温度恒定在 40℃ ~60℃，水中含有硅、锶、锌、镍、硒、锰、铁、铜、碘、硼等 20 多种对人体有益的微量元素。2000 年，县委提出了建设"中国北方绿色温泉城"的战略构想，并于 2000 年 10 月 18 日成功举办首届"林甸温泉节"。2004 年 3 月 24 日，林甸县被中国矿业联合会命名为"中国温泉之乡"。2005 年 10 月，林甸县被世界养生大会命名为"世界温泉养生基地"。

第二节　林甸县社会经济发展现状

林甸县坚持以科学发展观为指导，紧紧依托资源优势，突出发展现代农业、生态旅游等产业，经济社会呈现增速加快、民生改善的良好态势。农业综合生产能力明显增强，农业物质装备和资源环境不断改善，科技支撑能力稳步提升，产业化经营水平不断提高，农民收入大幅提高，社会经济发展呈现新局面。

一 农业生产形势良好，农村经济稳步发展

2016 年，林甸县农业增加值实现 19 亿元，同比增长 7.1%。林甸县主要通过种植业结构战略性调整和强力推进畜牧业转型升级两个方面实现了农业稳步发展。在种植业结构战略性调整方面，主要粮食作物呈现一减两增的变化。2016 年，全县玉米播种面积为 164 万亩，较上年同期的 192 万亩减少了 28 万亩，其中享受国家补贴的面积为 135 万亩；水稻播种面积 31.7 万亩，较上年同期的 18.3 万亩增加了 13.4 万亩；杂豆播种面积 20.86 万亩，较上年同期的 7.9 万亩增加了 12.96 万亩，大豆享受国家补贴的面积为 9.59 万亩，增幅为 31.4%；粮食总产实现 22.6 亿斤。在强力推进畜牧业转型升级方面，林甸县奶牛牧场建设实现稳步推进，截至 2016 年，林甸县奶牛牧场累计已达到 36 处，泌乳牛规模饲养率达到 100%，优质核心奶源基地建设成效显著，托牛入场模式成为全省产业扶贫经验典型。

二 工业经济平稳运行，项目建设成效显著

2016 年，林甸县全口径工业增加值实现 20.2 亿元，同比增长 6.4%；规模以上工业实现总产值 10.7 亿元，实

现增加值 1.8 亿元，同比下降 1.2%；降幅与上年同期相比收窄了 69.9 个百分点。主要表现在：一是新增规上企业注入活力。新增的规上企业东明园风力发电有限责任公司，实现产值 1.1 亿元。二是支柱企业提档升级。伊利乳业液态高端奶"金典"已于 6 月中旬开始批量生产，全年实现工业总产值 8.4 亿元，绝对量比上年同期增加 1.3 亿元，现价增幅达到 18.3%。三是培育扶持临规企业发展壮大。

三 现代服务业发展迅速，市场消费日趋稳定

2016 年，林甸县完成了天星旅游文化综合体项目、温泉芦苇艺术基地、五星温泉度假村和明道酒店等旅游项目的建设工程。依托湿地文化节、风筝节、雪地温泉节等特色活动平台，培育了一批乡村旅游景点、农家乐、生态休闲馆。酒店、餐饮、零售业呈现快速发展态势，各类商贸物流企业发展到 5000 多家，商贸水平持续上升。林甸县通过各种政策扶持、项目拉动和社会融资，成功实现了具有林甸特色的现代服务业发展道路，并实现了现代服务业与贫困村、贫困户的有机结合，以现代服务产业带动贫困村、贫困户实现稳步脱贫。

四 基础设施不断完善，城乡面貌焕然一新

2016 年，林甸县实现了农村危房改造、有序推进棚改项目落地生根、加大地热外网建设投资、改造低温楼供热系

统、积极推进供水管网建设实施、强化农村公路建设并实现农村公路到乡到村铺设项目、加大农村到屯硬化道路建设。林甸县将精准扶贫政策与美丽乡村建设和社会主义现代化新农村建设相统一，以基础设施建设为抓手，成功实现了基础设施建设扶贫的目标。同时，林甸县将进一步推进特色小镇建设，将温泉资源、生态湿地资源与农村扶贫紧密结合起来，通过发展美丽乡村建设来实现贫困户稳定脱贫。

五 社会事业全面推进，民生保障不断改善

林甸县强化精准扶贫政策措施落地生根，大力引进高新技术人才和专业技能培训人才对县域内人口就业进行指导培训；依托农业、工业和新兴服务产业的发展进一步实现人口就业，拉动县域经济增长。同时，林甸县继续扩大"五险"覆盖面；加大新农保和城居保补助份额及扩大参保范围；加大学校标准化建设力度，完善农村中小学食堂和教师周转房建设；加快乡镇卫生院建设步伐；建设完善城镇、农村文化广场，不断满足居民精神文化生活。在所有的社会事业项目建设和民生保障项目中，林甸县积极将精准扶贫政策融入其中，通过政策措施及项目建设真真正正地帮助贫困户实现稳步脱贫。

六 居民收入稳步增长，存贷款余额逐年递增

2016年，林甸县城镇常住居民人均可支配收入15267

元，同比增长 7.9%。农村常住居民人均可支配收入 6818
元，同比增长 11.9%。同时，县金融机构存款余额 691503
万元，同比增长 6.99%，其中，城乡居民储蓄存款余额
实现 480973 万元，同比增长 7.9%；金融机构贷款余额
1478628 万元，同比增长 19.5%，城乡居民贷款余额实现
213382 万元，同比增长 10.2%。城乡居民收入大幅提升，
存款金额增加，生活水平也有巨大提高，农村贫困人口逐
年减少，贫困居民生存生活条件得到巨大提高，实现了稳
步脱贫。

第三节　东胜村概况

东胜村属林甸县四合乡，距林甸县 17 千米，距四合
乡政府 7 千米，距最近的车站码头大约 90 千米，与双兴
村、裕国村、合兴村、永合村相邻。全村村域面积 35.53
平方千米，下辖 5 个自然村（寨），7 个村民小组。2001
年，该村由两个行政村合并而成。东胜村位于林甸县中
部，典型的平原地貌，村域面积较广，土地集中连片，农
户聚居。整体自然地理特征与林甸县自然地理特征基本相
符，具体表现在农业种植方面，由于四季变化较大，集中
连片的农业种植干湿季明显，旱季时无法实现有效灌溉，
冬季时大雪覆盖，无法进行农业活动。

第四节　东胜村社会经济发展现状

一　土地资源与农业

从表 2-1 可见，该村当前拥有耕地面积 32072 亩，全部为灌溉耕地。自土地确权颁证政策实施以来，该村共完成土地确权颁证面积 26644 亩，剩余土地将在 2017 年完成确权颁证。为落实国家退耕还林政策，东胜村完成退耕还林 185 亩，林地面积达 1700 亩。同时，该村积极推进土地流转政策实施，现已完成土地流转 600 亩，流转标准为每亩 250 元（见表 2-1）。

表 2-1　东胜村土地资源及利用情况

土地利用方式	数量	土地利用方式	数量
耕地面积（亩）	32072	2016 年底土地确权登记发证面积（亩）	26644
旱地面积（亩）	0	农户对外流转耕地面积（亩）	600
灌溉面积（亩）	32072	参与耕地林地等流转农户数（户）	20
退耕还林面积（亩）	185	本村土地流转平均租金（元/亩）	250
林地面积（亩）	1700	村集体对外出租山林地面积（亩）	0
牧草地面积（亩）	9820	全村闲置抛荒地面积（亩）	0

资料来源：精准扶贫精准脱贫百村调研 - 东胜村调研。

说明：本书统计表，除特殊标注外，均来自东胜村调研。

东胜村农业生产主要是种植业和养殖畜禽。种植业方面，该村以水稻、玉米和杂豆种植为主。以 2016 年种植亩数、产量和市场价估算，该村种植业收入为 1683.2 万元。养殖畜禽方面，2016年该村生猪出栏量为60头，肉羊出栏量为220只，按出售时的重量和市场价格估算，可获得收入18.92万元。以2016年底该村户籍在册人员2800人计算，人均农业收入达6079元（见表2-2）。

表2-2　东胜村农业生产情况

主要种植作物	种植面积（亩）	单产（公斤/亩）	市场均价（元/公斤）
水稻	6000	460	2.60
玉米	13000	400	0.60
杂豆	13072	100	5.00
主要养殖畜禽	出栏量（头/只）	平均毛重（公斤/头）	市场均价（元/公斤）
猪	60	110	14.00
羊	220	20	22.00

二　经济发展

改变东胜村贫困现状，实现到2020年消除贫困、全面脱贫，发展农村经济是必由之路，以"五个一批"为指导的贫困治理思想是实现精准脱贫的有效路径，其中，发展产业脱贫一批是关键，而发展产业就要依托运作平台，在农村地区实现产业发展离不开经营主体。当前该村年人均纯收入为7000元，较林甸县年人均纯收入14500元相差甚多，是典型的县贫困村。自精准扶贫政策实施以来，东胜村成立农民合作社1个，引进加工制造企业1家，并积极鼓励村民依托个体经营实现收入增加，当前该村已开办批发零售、超市、小卖部10家（见表2-3）。

表2-3　东胜村经济经营主体情况

项目	数量	项目	数量
村农民年人均纯收入（元）	7000	加工制造企业数（个）	1
农民合作社数（个）	1	批发零售、超市、小卖部数（个）	10

　　农业专业合作社是实现农村集体经济发展的有效途径，同时又是带动贫困户入股分红、实现稳步脱贫的有效方式。该村于2013年12月成立了林甸县忠信水稻种植农民专业合作社，成立之初仅有5户居民，而后于书记动员广大村民积极入社，并与村民签订合同，将风险降到最小、利益放到最大。截至2016年，该专业合作社完成销售总额300万元，实现利益分红100万元，每户居民成功获利2万元（见表2-4）。

表2-4　东胜村农民合作社

名称	领办人	成立时间（年月）	成立时社员户数	目前社员户数	业务范围	总资产（万元）	销售总额（万元）	分红额（万元）
林甸县忠信水稻种植农民专业合作社	村干部	2013年12月	5	50	水稻种植	1000	300	100

三　就业与劳动

　　劳动力转移就业脱贫一批是精准扶贫"五个一批"的重要内容。当前该村有常住人口2250人、劳动力人口1800人，劳动力占比较高。精准扶贫政策实施以来，该村通过引进专业技术人才，聘请技术工作者对农户进行农业种植培训和劳动力转移就业指导，已经取得巨大成效。当前，该村外出劳动力总数达995人，其中省外务工人员286人，省内县外务工人员356人，县内务工人员353人。该村就业机会较少，且不能享受优质的生活服务，造成举家外出户数达130户、270人，该部分人员仅在逢年过节时回到家乡。另外，该村加大对新生劳动力的培养，目前该村新生初中毕业生和高中毕业生劳动力共计25人（见表2-5）。自精准扶贫政策实施以来，该村劳动力就业发生了根本性变化，真正实现了转移就业脱贫一批。

表2-5 东胜村人口就业

人口就业	人数（人）	人口就业	人数（人）
常住人口数	2255	外出到省内县外劳动力数	356
劳动力人口	1800	外出人员从事主要行业	制造业
外出半年以上劳动力数	168	外出务工人员中途返乡人数	42
举家外出户数	130	定期回家务农的外出劳动力数	186
举家外出人口数	270	初中毕业未升学的新成长劳动力数	18
外出半年以内劳动力数	727	高中毕业未升学的新成长劳动力数	7
外出到省外劳动力数	286	参加"雨露计划"人数	0

四 社会保障

社会保障体系的建立健全是新农村建设和实现全面进入小康社会的重要指标，当前该村基本实现社会保障全覆盖。表 2-6 显示，2016 年该村共获得国家救助金额 2.1 万元，其中资助低保人数 42 人，五保人数 2 人，结合本村实际情况，对五保户采取集中与分散供养相结合的方式，最大程度上照顾了五保人员。全村共 804 户、2750 人参加了新型合作医疗，缴费标准为每人每年 180 元，考虑到农户参保资金投入较大，该村结合上级政策给予适度补助。当前，该村共有 10 户、12 人领取了社会养老保险，养老保险虽不能承担老年人生活所需全部资金，但在相当大的程度上减小了老年人生活压力（见表 2-6）。

表 2-6　东胜村社会保障情况

项目	数量	项目	数量
参加新型合作医疗户数（户）	804	低保人数（人）	42
参加新型合作医疗人数（人）	2750	五保供养人数（人）	2
新型合作医疗缴费标准（元/年人）	180	集中供养人数（人）	0
参加社会养老保险户数（户）	10	集中与分散供养结合五保人数（人）	2
参加社会养老保险人数（人）	12	当年全村获得国家救助金额（万元）	2.1

五　文化教育

2015 年 11 月 27~28 日，习近平总书记在中央扶贫开发会议上指出，治贫先治愚，扶贫先扶智，国家教育经费要继续向贫困地区倾斜、向基础教育倾斜、向职业教育倾斜、帮助贫困地区改善办学条件，对农村贫困家庭幼儿特别是留守儿童给予特殊关爱。相对于经济扶贫、政策扶贫、项目扶贫等，"教育扶贫"直指导致贫困落后的根源。东胜村当前积极开展教育扶贫，加大教育投入力度，最大程度满足农村贫困人口接受教育的现实需求。该村拥有1所公立幼儿园，在园人数为22人，收费标准为每人每月200元。由于本村没有小学，因此适龄学生95人全部选择去乡镇或者县市就学，并未出现适龄学生辍学现象。该村并无初级中学，适龄学生一般就读于乡镇、县城或外地中学，初中在读学生18人中12人选择本乡镇就读，6人选择县城就读（见表2-7）。同时，凡在本乡镇就读的学生可领到午餐补助，减少家庭部分教育支出。

表2-7 东胜村学前、小学、中学各阶段教育情况

一、学前教育			
本村3~5岁儿童人数（人）	36	其中，公立园数量（个）	1
当前3~5岁儿童不在学人数（人）	36	幼儿园在园人数（人）	22
本村幼儿园、托儿所数量（个）	1	幼儿园收费标准（元/月）	200
二、小学阶段教育			
本村小学阶段适龄儿童人数（人）	95	住校生人数（人）	36
其中女生数（人）	40	在县市小学上学人数（人）	15
在本村小学上学人数（人）	0	其中女生数（人）	7
其中女生数（人）	0	去外地上学人数（人）	0
住校生人数（人）	0	其中女生数（人）	0
在乡镇小学上学人数（人）	80	失学辍学人数（人）	0
其中女生数（人）	40	其中女生数（人）	0
三、初中阶段教育			
乡镇中学离本村距离（千米）	7	在县城中学上学人数（人）	6
在乡镇中学上学人数（人）	12	其中女生数（人）	4
其中女生数（人）	5	去外地上学人数（人）	0
住校生人数（人）	12	其中女生数（人）	0
中学是否提供午餐		失学辍学人数（人）	
是否免费或有补助（1.免费2.补助3.无）	3	其中女生数（人）	0

六 社区设施和公共服务

社区基础设施和公共服务建设是经济结构转型的核心，在合适的条件下，基础设施发展在提升经济增长与平等中均能扮演重要的角色，并且能同时通过这两种渠道减少贫困。东胜村加大该村道路交通、电视通信、妇幼医疗保健、生活设施、居民住房、农田水利等基础设施建设力度，破除贫困地区发展瓶颈，增强贫困地区发展后劲。

道路交通方面，该村修铺 5 米宽乡村道路 6000 米，村内通组道路 19 千米，剩余 9000 米未硬化路段于 2017 年全部修铺完善。电视通信方面，该村已经实现宽带入户，770 户拥有电脑的家庭，69 户已顺利联网。使用有线电视和卫星电视的户数分别为 750 户和 60 户，基本实现电视信号全覆盖。妇幼、医疗保健方面，该村于 2013 年新建卫生室 1 个，并配有 2 名具有行医资格证书的医务人员。因贫困户家中患大病的成员较多，该村实施了卫生室负责、医疗人员流动照护的医疗帮扶模式。生活设施方面，该村 820 户全部通电，电费标准为每度 0.52 元，电价较城市用电便宜许多，2016 年全年仅停电 2 次，基本保障了农村居民用电安全。虽然该村集中供应自来水率仅为 30%，但家家户户都有受保护的水井，基本满足用水安全。居民住房方面，由于东北的特殊气候状况，该村并未有居民盖楼房。同时，该村实施了危房改造和幸福大院建设，基本实现了全部村民都有安全住房，且户均宅基地面积达到 65 平方米。农田水利方面，该村现有机电井 54 个，修建水渠 15000 米，基本实现了农田水利灌溉，基本保证农田有效灌溉（见表 2-8）。

表2-8 东胜村社区设施和公共服务

一、道路交通			
通村道路主要类型	硬化路	村内通组道路长度（千米）	19
通村道路路面宽度（米）	5	未硬化路段长度（千米）	9
通村道路长度（千米）	6	村内是否有可用路灯（是，否）	否
二、电视通信			
村内是否有有线广播	否	使用卫星电视户数（户）	60
村委会是否有联网电脑	是	家中没有电视机户数（户）	0
家中有电脑的户数（户）	770	家中未通电话也无手机户数(户)	0
联网电脑户数（户）	69	使用智能手机人数（人）	1700
使用有线电视户数（户）	750	手机信号覆盖范围（%）	100
三、妇幼、医疗保健			
全村卫生室数（个）	1	当年 0~5 岁儿童死亡人数（人）	0
药店（铺）数（个）	0	当年孕产妇死亡人数（人）	0
全村医生人数（人）	2	当年自杀人数（人）	0
其中有行医资格证书人数（人）	2	当前身患大病人数（人）	31
全村接生员人数（人）	0	在村内敬老院居住老年人数（人）	0
其中有行医资格证书人数（人）	0	在村外敬老院居住老年人数（人）	0
四、生活设施			
已通民用电户数（户）	820	自来水单价（元 / 吨）	2
民用电单价（元 / 度）	0.52	使用净化处理自来水户数（户）	320
当年停电次数（次）	2	水窖数量（个）	0
集中供应自来水（%）	30	饮水困难户数（个）	0
五、居民住房情况			
户均宅基地面积（平方米）	65	竹草土坯房户数（户）	350
违规占用宅基地建房户数（户）	0	危房户数（户）	170
楼房所占比例（%）	0	空置一年或更久宅院数（户）	62
砖瓦房、钢筋水泥房所占比例(%)	40	房屋出租户数（户）	0
六、农田水利			
近年平均年降水量（毫米）	430	机电井数量（个）	54
主要灌溉水源	地表水、雨水	生产用集雨窖数量（个）	0
正常年景下水源是否有保障	是	水渠长度（米）	15000

七　乡村治理与基层民主

乡村治理是指在国家领导支持下，以农民为主体，运用乡村治理权力，调整农业生产结构，对乡村的社会事务进行管理调控，从而促进乡村经济发展，实现城乡协调，实现健康可持续发展目标，提高农村生活面貌的治理活动。基层民主指通过民主选举、民主监督、民主决策、民主管理四个制度使村民参与政治权利与义务中的制度建设。精准扶贫是国家乡村治理和基层民主的代表，既是实现农村公共服务均等化的一个重要抓手，也是发展乡村社会经济的重要路径。

从表2-9可见，该村有中共党员76人，其中50岁以下40人，中青年党员人数占大部分。另外该村拥有党员代表会议，其中党员代表人数4人，村两委成员8人；该村共7个党小组，各党小组融入村民组；该村村支部委员会人数5人，村民委员会人数7人，村两委交叉任职3人；村民代表人数43人，其中7人为村两委人员。另外，该村设有村务监督委员会，监督委员5人，其中2人为村两委成员，实现了有效的村务监督，防止村领导干部擅用职权。另外，该村还设有民主理财小组，成员5人，对村财务进行监督管理，实现了村财务在阳光下使用，防止村干部贪污腐败。

表2-9　东胜村村庄治理与基层治理情况

项目	数量（人）	项目	数量（人）
全村中共党员数量	76	村民代表人数	43
50岁以上党员数	36	其中属于村两委人数	7

项目	数量（人）	项目	数量（人）
高中及以上文化党员数	16	是否有村务监督委员会	是
是否有党员代表会议	是	监督委员会人数	5
党员代表人数	4	属于村两委人数	2
属于村两委人数	8	属于村民代表人数	3
党小组数量	7	是否有民主理财小组	是
村支部支委会人数	5	民主理财小组人数	5
村民委员会人数	7	属于村两委人数	2
村两委交叉任职人数	3	属于村民代表人数	3

从表 2-10 可见，该村在 2013 年和 2015 年分别进行了村委会选举。2013 年该村有选举权的村民共 1261 人，其中 1016 人真实参选，在村主任的选举过程中，该村进行流动投票，设立秘密划票间，并进行开大会唱票，最终村主任以 983 票超过半数的选票获得选举胜利。2015 年，该村采用同样办法，村主任最终以 1011 票的高票率获得选举胜利。该村通过一系列的措施改革，选举创新，实现了民主选举，村民自治。

表 2-10 东胜村最近两届村委会选举情况

年份	有选举权人数	实际参选人数	村主任得票数	是否设有秘密划票间	书记与主任是否一肩挑	是否搞大会唱票选举	投票是否发钱发物	是否流动投票
2013	1261	1016	983	是	是	是	否	是
2015	1334	1103	1011	是	是	是	否	是

八　村集体财务

村级财务管理关系农民的切身利益，搞好农村财务管理是新农村建设的重要内容，也是维护农村稳定的基石。精准扶贫政策的实施要求村集体具有良好的村级财务公开规范和标准。2016 年，该村财务收入包括上级补助和发包林地收入共计 158000 元；村财务支出包括村干部、组干部工资，水电等办公费，订阅报刊、修建道路和其他支出共计 158000 元，实现了年度收支平衡。在村集体债权债务方面，该村集体债权达到 501708 元，主要是农民欠款；集体负债 866934 元，主要是欠农民、欠银行、欠其他人。该村在阳光下使用村集体财务，显示了对人民、对党负责的态度（见表 2-11）。

表 2-11　东胜村村集体财务情况

<table>
<tr><td colspan="4" align="center">一、村集体财务收支</td></tr>
<tr><td>村财务收入（元）</td><td>金额</td><td>村财务支出（元）</td><td>金额</td></tr>
<tr><td>上级补助</td><td>150000</td><td>村干部工资</td><td>61000</td></tr>
<tr><td>发包林地收入</td><td>8000</td><td>组干部工资</td><td>12000</td></tr>
<tr><td>修建学校集资</td><td>0</td><td>水电等办公费</td><td>30000</td></tr>
<tr><td>修建村办公场所</td><td>0</td><td>订报刊费</td><td>1500</td></tr>
<tr><td>修建卫生室</td><td>0</td><td>修建道路</td><td>43000</td></tr>
<tr><td>其他收入</td><td>0</td><td>其他支出</td><td>10500</td></tr>
<tr><td colspan="4" align="center">二、村集体债权债务</td></tr>
<tr><td>集体债权（元）</td><td>501708</td><td>集体负债（元）</td><td>866934</td></tr>
<tr><td>农户欠</td><td>501708</td><td>欠农户</td><td>50000</td></tr>
<tr><td>商户欠</td><td>0</td><td>欠银行</td><td>200000</td></tr>
<tr><td>其他</td><td>0</td><td>欠其他人</td><td>616934</td></tr>
</table>

九 贫困状况

东胜村是省级贫困村，自精准扶贫政策实施以来，东胜村狠抓农业生产，强化基础设施建设，加大教育、技能培训投入，建立健全健康医疗保障体系，改造农村危房、建造幸福大院，成立专业合作社，逐渐帮扶贫困户脱贫。截至 2016 年年底，该村建档立卡贫困户为 316 户、679 人，分别占该村总户数的 39.3%，总人口的 24.7%。其中低保贫困户 22 户，42 人；五保贫困户 2 户，2 人；一般贫困户 292 户，635 人（见表 2-12）。

表 2-12 东胜村贫困现状分布

类目	户数（户）	占贫困户数百分比（%）	人口（人）	占贫困人口数百分比（%）
2016 年贫困户	316	—	679	—
2016 年建档立卡贫困户	316	100	679	100
低保贫困户	22	6.96	42	6.19
五保贫困户	2	0.63	2	0.29
一般贫困户	292	92.41	635	93.52

建档立卡工作实施至今已经有三年多时间，以时间为轴，可以清楚地看到东胜村精准扶贫精准脱贫的实施效果。当前东胜村贫困发生率仍在 5% 以上，从表 2-13 可见，该村最主要的致贫类型是因病致贫、因学致贫和因缺劳动力致贫，减贫任务依然艰巨。需要当地乡镇政府、村两委、社会群体及贫困户共同努力，争取在 2020 年全面消除贫困。

表 2-13　东胜村建档立卡贫困人口情况

项目	分类	2014 年	2015 年	2016 年
贫困户数（户）	—	415	387	316
贫困人口数（人）	总数	1051	915	679
	因病致贫人口	272	214	182
	因学致贫人口	37	28	17
	因缺劳动力致贫人口	52	45	40
贫困户动态调整	调出贫困户数（调整为非贫困户）		28	71
	调出贫困人口数		136	236
	调入贫困户数（调整为贫困户）		0	0
	调入贫困人口数		0	0

第五节　东胜村农户家庭生活及生产情况

一　家庭概况

从表 2-14 可见，本次问卷调查的 111 户农户全部为农业户口，且家庭规模较小，以 2~4 口人为主。该地是典型的少数民族聚居区，但此地多数人是东北开荒时期从山东、河北等地迁居至此，因此拥有少数民族户口的仅有 1 户。在年龄结构中，贫困户年龄结构明显偏大，46 岁以上的人口为 87 人；相反在非贫困户中年龄结构则偏重于青壮年，人数为 129 人。同时，户主信息显示，该村户主年龄结构主要在 50

岁以上，且男性户主占比较大，这与我国男性作为一家之主的传统文化有关。另外，所有贫困户户主无一人是村干部，这与本村规定干部家庭不允许被评定为贫困户有关。同时，户主的文化程度主要是小学和初中，可见家庭"主心骨"文化程度较低是农村人口致贫的关键因素之一。

表 2-14　东胜村贫困户和非贫困户家庭概况及户主信息

家庭概况		贫困户	非贫困户	户主信息		贫困户	非贫困户
家庭规模（户）	1 人	8	0	户主年龄结构（人）	22~30 岁	0	2
	2 人	30	27		31~40 岁	2	3
	3 人	9	20		41~50 岁	4	18
	4 人	3	8		51~60 岁	9	26
	5 人	2	3		61 岁以上	37	10
	6 人	0	1	户主性别（人）	男	45	58
	7 人及以上	0	0		女	7	1
少数民族（户）		1	1	少数民族（人）		0	0
户籍类型（户）	农业户	52	59	户主主要社会身份（人）	村干部	0	2
	非农业户	0	0		离退休干部职工	0	1
	居民户	0	0		教师医生	0	1
	其他	0	0		村民代表	0	0
性别（人）	男	55	87		普通村民	52	55
	女	55	80		其他	0	0
年龄结构（人）	0~16 岁	8	19	户主文化程度（人）	文盲	9	4
	17~30 岁	4	25		小学	28	23
	31~45 岁	11	37		初中	13	24
	46~60 岁	29	67		高中	1	6
	61 岁以上	58	19		中专及以上	1	2

二　住房条件

住房是人们最基本的物质生活条件，住房状况不仅是衡量一个地区居民生活水平和质量的重要指标，也是展现社会经济发展和文明程度的重要标志。因东北特殊的自然地理环境，该村房屋均为平房，且建筑结构多以竹草土坯和砖混为主，建筑面积大部分在 60~100 平方米。从表 2-15 可见，村民对当前的住房状况存在不满意现象，共有 27 户农户表示对当前住房不满意。入户路方面，调研农户住房离最近的硬化公路距离小于 100 米的有 91 户，占总调研户数的大部分。另外从硬化公路到居民家中的入户路均为泥土路，在雨天或大雪天气，农户出行很不方便。住房内部设施方面，农户家中基本没有沐浴设施，靠烧炕取暖，且仅一半农户实现管道供水。厕所类型仍以旱厕为主，其中一户农户至今没有厕所。农户炊事能源基本靠柴草，虽在很大程度上节省了农民能源使用开支，却破坏了当地的生态环境，与当期国家提倡的生态文明建设不符。同样，在生活垃圾处理和生活污水排放方面，村民依旧随意丢弃、到处排放，给生活环境带来了巨大的隐患，也有部分农户进行垃圾收集处理、污水沟渠排放，但毕竟是少数人行为。这些问题应得到乡镇政府及村两委的高度重视，及时解决。

表2-15 东胜村调研贫困户与非贫困住房条件

项目	类型	贫困户（户）	非贫困户（户）	项目	类型	贫困户（户）	非贫困户（户）
对当前住房满意度	非常满意	5	9	是否有互联网宽带	是	16	11
	比较满意	6	20		否	36	48
	一般	25	19	取暖设施	无	0	0
	不太满意	12	10		炕	52	56
	很不满意	4	1		炉子	0	1
几处住房	0处	4	1		土暖气	0	2
	1处	47	55		电暖气	0	0
	2处及以上	1	3		空调	0	0
住房来源	自有	42	55		市政暖气	0	0
	借用	10	4		其他	0	0
住房类型	平房	52	59	是否有管道供水	是	27	32
	楼房	0	0		否	25	27
住房状况	状况一般或良好	26	52	是否存在饮水困难	是	0	0
	政府认定危房	23	5		否	52	59
	没有认定，但属危房	3	2	炊事能源	柴草	51	59
建筑材料	竹草土坯	46	27		煤炭	0	0
	砖瓦砖木	3	11		灌装液化石油气	0	0
	砖混材料	0	10		管道液化石油气	1	0
	钢筋混凝土	2	3		管道煤气	0	0
	其他	1	8		管道天然气	0	0
建筑面积（平方米）	建筑面积≤80	36	30		电	0	0
	80＜建筑面积≤100	15	19		燃料用油	0	0
	100＜建筑面积≤120	1	7		沼气	0	0
	建筑面积＞120	0	3		其他	0	0
	不清楚	0	0		无炊事行为	0	0

项目	类型	贫困户（户）	非贫困户（户）	项目	类型	贫困户（户）	非贫困户（户）
距最近硬化路距离（米）	距离≤100	43	48	厕所类型	传统旱厕	51	58
	100米<距离≤300	9	10		卫生厕所	0	1
	300米<距离≤800	0	1		没有厕所	1	0
	距离>800	0	0		其他	0	0
入户路类型	泥土路	52	58	生活垃圾处理	送到垃圾池等	0	0
	砂石路	0	1		定点堆放	0	1
	水泥或柏油路	0	0		随意丢弃	44	47
沐浴设施	无	51	55		其他	8	11
	电热水器	1	1	生活污水处理	管道排放	1	0
	太阳能	0	3		排到家里渗井	0	0
	空气能	0	0		院外沟渠	35	38
	燃气	0	0		随意排放	16	21
	其他	0	0		其他	0	0

三　生活状况

生活状况是表现居民贫困程度的指标之一，包括物质和精神两大方面，物质上以家庭财产情况、收入和负债为主；精神上主要表现为对当前的居住环境、生活环境以及对当前生活状况的整体满意度。从表2-16可见，当前该村贫困户户年均纯收入在1万元以下，非贫困户年均纯收入在3万元以下；就财产状况而言，贫困户家庭财产普遍在5000元以下，非贫困户家庭财产在10000元

表2-16 东胜村调研贫困户与非贫困户生活状况

项目	类型	贫困户（户）	非贫困户（户）	项目	类型	贫困户（户）	非贫困户（户）
年家庭纯收入（CSR）	CSR ≤ 10000 元	42	1	家庭财产情况，当前市场估计价值（CC）	CC ≤ 5000 元	52	43
	10000 元< CSR ≤ 30000 元	8	36		5000 元< CC ≤ 10000 元	0	12
	30000 元< CSR ≤ 60000 元	2	19		10000 元< CC ≤ 20000 元	0	1
	CSR > 60000 元	0	3		20000 元< CC ≤ 30000 元	0	1
年家庭总收入（ZSR）	ZSR ≤ 20000 元	43	39		CC > 30000 元	0	2
	20000 元< ZSR ≤ 50000 元	8	14	上年年底家庭存款（CK）	无	52	55
	50000 元< ZSR ≤ 80000 元	1	5		0 元< CK ≤ 5000 元	0	1
	ZSR > 80000 元	0	1		5000 元< CK ≤ 10000 元	0	1
年家庭总支出（ZZC）	ZZC ≤ 10000 元	16	1		10000 元< CK ≤ 20000 元	0	1
	10000 元< ZZC ≤ 30000 元	27	35		CK > 20000 元	0	1
	30000 元< ZZC ≤ 50000 元	3	15	上年年底家庭贷款（DK）	无	20	33
	ZZC > 50000 元	6	8		0 元< DK ≤ 5000 元	15	3
家庭收入满意度	非常满意	0	0		5000 元< DK ≤ 10000 元	6	5
	比较满意	3	7		10000 元< DK ≤ 20000 元	2	5
	一般	20	31		DK > 20000 元	9	13
	不太满意	16	17	家周围有无环境污染情况存在	有	0	1
	很不满意	13	4		无	52	58

续表

项目	类型	贫困户（户）	非贫困户（户）		项目	类型	贫困户（户）	非贫困户（户）
对当前家周围居住环境满意度	非常满意	11	16		对当前生活状况满意度	非常满意	2	1
	比较满意	26	34			比较满意	11	20
	一般	13	9			一般	29	33
	不太满意	2	0			不太满意	5	5
	很不满意	0	0			很不满意	5	0

以下；该村农户基本无存款，且负债农户达 58 户。综合来看，该村还处于相对贫困状态。当前，该村基本没有出现环境污染问题，农户对当前的生活环境满意度相当高，并未对周围的居住环境表示不满。总体来看，该村农户对当前生活状况满意度较高，贫困户中 80.77% 农户选择一般及以上，非贫困户中 91.53% 农户选择一般及以上。

四　子女教育

"扶贫先扶智"决定了教育扶贫的基础性地位，"治贫先治愚"决定了教育扶贫的先导性功能，"脱贫防返贫"决定了教育扶贫的根本性作用。联合国教科文组织的研究表明，不同层次受教育者提高劳动生产率的水平不同：本科 300%、初高中 108%、小学 43%，人均受教育年限与人均 GDP 的相关系数为 0.562。从表 2-17 可见，截至 2016 年，该村共 25 户农户家中有适龄人口接受教育，在子女教育中，贫困户子女年教育支出从几百元到几千元不一，而非贫困户子女的教育支出普遍在 3000 元以上，可以看出，教育支出的差距是反映当前农户贫困程度的重要指标。当前该村有一所幼儿园，上学时间按步行计算在 30 分钟以内。初中、高中在乡镇和县里，这部分学生大多选择住校，并享受住宿补贴、餐费补贴，上学单程时间在一小时以内。由于大学、专职类学校一般在市里，距离家庭较远，该部分学生上学教育投资较高，给家庭带来了巨大

表 2-17 东胜村调研贫困户与非贫困户子女教育情况

项目	类型	贫困户（户）	非贫困户（户）
子女接受教育人数（3-18 周岁）	0 人	47	39
	1 人	4	16
	2 人及以上	1	4
2016 年子女教育总费用（ZFY）	0 元 ≤ ZFY < 1000 元	1	0
	1000 元 ≤ ZFY < 3000 元	1	1
	3000 元 ≤ ZFY < 6000 元	2	7
	ZFY ≥ 6000 元	1	12
	无此项费用	47	39
子女上学地点	本村	0	4
	本乡镇	5	10
	本县城（市、区）	0	3
	省内县外	0	3
	省外	0	0
	无此项	47	39
子女教育是否获得教育补助或奖励款	是	3	1
	否	2	19
	无此项	47	39

项目	类型	贫困户（户）	非贫困户（户）
按最常用的交通方式上学时间（单程）	住校	0	3
	15 分钟以下	0	4
	15~30 分钟	2	6
	30~60 分钟	3	2
	60 分钟以上	0	5
	无此项	47	39
子女有无失学辍学情况	有	0	0
	无	5	20
	无此项	47	39
失学辍学原因	生病、残疾等健康问题	0	0
	上学费用高、承担不起	0	0
	附近没有学校	0	0
	附近学校不接收	0	0
	自己孩子不想上学	0	0
	家长流动	0	0
	家庭缺少劳动力	0	0
	其他	0	0

经济压力，该村为有效实施教育扶贫一批，通过助学贷款、教育补助等措施，加大对此类家庭的帮扶力度，帮助贫困户学生能顺利完成学业。

五 健康与医疗

"因病致贫、因病返贫"是一直扎在贫困户心头的两根刺。如何保证农村居民就近就医，并获得良好的医疗服务是当前精准扶贫政策重点关注的问题之一。从表2-18可见，该村贫困户中47人患有长期慢性病、11人患有重大疾病、14人患有残疾，他们的贫困程度最深，每年医疗花费在5000元以上，大大增加了这些农户的经济负担。部分贫困户因经济困难、不重视和小病不用医的思想，病情反复，甚至恶化危及生命。在非贫困户中，因家庭相对较为富裕，在看病、治病医疗费用上使用较高，很少出现有病不医的现象。同时，从家中7岁以下儿童是否接种疫苗角度来看，调查农户共23户未能给孩子接种疫苗，因此断定该村对疫苗接种认识度不高，疾病防范意识不强，需要村集体加大医疗健康宣传力度，增强农户疾病预防意识。

六 安全与保障

良好的社会公共安全和健全的生活保障体系是全面建成小康社会的重要指标，也是精准扶贫政策追求的重要目标。在公共安全方面，2016年该村并未有村民遭受意外

表2-18 东胜村调研贫困户与非贫困户家庭健康情况及治疗花费

项目	分类	贫困户	非贫困户	项目	分类	贫困户	非贫困户
调研对象健康状况（人）	健康	38	124	家庭病患治疗自费部分（ZF）	ZF ≤ 500 元	10	30
	长期慢性病	47	37		500 元<ZF ≤ 1000 元	0	0
	患有大病	11	5		1000 元<ZF ≤ 5000 元	13	14
	残疾	14	1		ZF > 5000 元	29	15
家庭成员不健康的户数（户）	0人	3	28	家庭病患治疗报销费用（BXF）	BXF ≤ 500 元	24	42
	1人	24	15		500 元<BXF ≤ 1000 元	0	0
	2人	25	16		1000 元<BXF ≤ 5000 元	14	12
	3人及以上	0	0		BXF > 5000 元	14	5
家庭成员患病严重程度（人）	不严重	0	2	没治疗的主要原因（人）	经济困难	14	0
	一般	14	28		医院太远	0	0
	严重	60	17		没有时间	0	0
家庭病患者是否接受治疗（人）	是	59	42		不重视	1	0
	否	15	5		小病不用医	0	0
家庭病患治疗总费用（FY）	FY ≤ 500 元	9	30		无此项	73	31
	500 元<FY ≤ 1000 元	2	0	家中7周岁以下儿童是否接种疫苗（户）	是	1	1
	1000 元<FY ≤ 5000 元	7	11		否	4	19
	FY > 5000 元	34	18		无此项	47	39

事故和遭偷遭抢等公共安全问题。在社区安全方面，该村农户基本以养狗看门的方式作为防护措施。在生活保障方面，该村并未有农户出现挨饿现象。养儿防老是我国传统的养老模式，该村共 68 户选择了这一选项。同时，仅有 27 户选择靠社会、政府养老，此部分群体占比较低，表现出对社会等其他养老方式的不信任（见表 2-19）。

表 2-19　东胜村调研贫困户与非贫困户公共安全与生活保障情况

公共安全		贫困户（户）	非贫困户（户）	生活保障		贫困户（户）	非贫困户（户）
家中是否遭受过意外事故	是	0	0	是否出现挨饿的情况	是	0	0
	否	52	59		否	52	59
家中是否遇到偷抢等公共安全问题	是	0	0	将来养老主要靠谁	子女	33	35
	否	52	59		自己	2	14
社区安全		贫困户（户）	非贫困户（户）		社会	17	10
家中是否有具体防护措施	是	52	58	养老是否有保障	是	26	30
					否	12	13
	否	0	1		不清楚	14	16

七　政治生活

政治生活与经济生活、文化生活有着密切的联系，形成有机整体。我们处于政治生活之中，日常的政治生活大体上有三方面的内容：一类是政治学习、宣传活动；另一类是完成一些具体的政治任务，包括行使政治权利，履行政治义务，参与民主监督；还有一类是有关实现政治理想的实践活动。从表 2-20 可见，该村贫困户中没有党员，因贫困户一般文化水平较低、思想保守，其无法有效行使政治权利，更不用说拥有良好的政治生活。关于"家中是否参加村委会召开的会议"这一问题，调研农户仅 26 户参加，占总调研户数的 23.42%。在其他问题上，未参与的家庭占总户数的近一半或一半以上。当前东胜村农户政治热情不高，基本政治生活得不到有效满足，需要针对现状及时做出调整。

表 2-20　东胜村调研贫困户与非贫困户政治生活情况

项目	分类	贫困户（户）	非贫困户（户）
家中是否有党员	是	0	13
	否	52	46
家中有几位党员	0	52	46
	1	0	11
	2	0	1
	3 及以上	0	1
家庭是否参加最近一次村委会投票	是	28	32
	否	24	27
家中是否参加村委会召开的会议	是	11	15
	否	41	44
家中是否参加村民组召开的会议	是	17	30
	否	35	29
家中是否参加最近一次乡镇人大代表投票	是	10	17
	否	42	42

八　社会联系与时间利用

从表 2-21 可见，东胜村参加农民合作社的农户仅为

3户，且都是非贫困户，这与前文所描述的忠信水稻种植农民专业合作社带动贫困户脱贫存在矛盾，实际情况是，参与农民合作社的贫困户现已脱贫，顺利退社。参加文化娱乐或兴趣组织方面，仅8.11%的农户主动参与，大多数农户因劳务过重早早回家休息。家庭关系方面，7位被访人因配偶患有重大疾病、离婚或丧偶等，对婚姻状况表示不满意。社会联系方面，当家庭面临困难或资金缺乏需要借钱时，无论是贫困户还是非贫困户，在寻求直系亲属、其他亲戚、邻居或老乡这三个选项中占比最高。同时在对时间利用的调查中发现，被访人选择看电视、做家务和休息的选项较多，其中，男性的时间利用基本是上网、看电视和休息，而女性的主要时间利用则是做家务、带孩子和休息，反映出性别差异在时间利用上的不同。

表2-21 东胜村调研贫困户与非贫困户社会联系和时间利用情况

项目	类型	选项	贫困户（户）	非贫困户（户）
社会组织	是否参加农民合作社	是	0	3
		否	52	56
	是否参与文化娱乐或兴趣组织	是	1	8
		否	51	51
	是否参加其他组织	是	4	5
		否	48	54
	对现在的婚姻状况满意度	非常满意	21	36
		比较满意	14	20
		一般	10	3
		不太满意	3	0
		很不满意	4	0

项目	类型	选项	贫困户（户）	非贫困户（户）
时间利用	业余时间利用（被采访者按主次顺序填，最多选三个）	上网	0	2
		社会交往	5	14
		看电视	41	44
		参加文娱体育活动	1	5
		参加学习培训	0	0
		读书看报	2	2
		休息	28	21
		做家务	24	31
		照顾孩子	6	11
		什么也不做	21	0
		其他	22	15
社会联系	临时有事，一般找谁帮忙（每户按主次顺序，最多选三个）	直系亲属	39	46
		其他亲戚	20	19
		邻居或老乡	29	38
		村干部	15	15
		朋友或同学	2	4
		其他人	2	1
	急用钱时向谁借（每户按主次顺序填，最多选三个）	直系亲属	44	54
		其他亲戚	21	22
		邻居或老乡	22	21
		村干部	7	2
		朋友或同学	3	10
		其他人	1	2

九　劳动与就业

　　劳动是个人价值的具体表现，是改变生存、生活状况最直接的影响因素。就业是民生之本，是劳动者取得报酬、获得生活来源的途径。从表2-22可见，该村贫困户

表 2-22 东胜村调研贫困户与非贫困户劳动与就业情况

项目	类型	贫困户	非贫困户
家庭劳动力人数（劳动力年龄段为16-60周岁，户）	0人	41	6
	1人	10	20
	2人	1	33
	3人及以上	0	0
劳动力性别情况（人）	男	8	47
	女	4	39
劳动力年龄结构（NL，人）	16岁≤NL<27岁	0	0
	27岁≤NL<38岁	0	10
	38岁≤NL<49岁	7	29
	49岁≤NL≤60岁	5	47
劳动力劳动/就业区域（人）	本乡镇	11	84
	县内本乡镇外	0	1
	省内县外	1	0
	省外	0	1
上年各劳动收入种类人次	农业经营收入	11	83
	非农业经营收入	0	2
	工资性收入	1	1
上年最主要工作行业人数（人）	农业	12	86
	非农业	0	0
在外务工人员有/无社会保险人数（人）	有	0	0
	无	12	86
若是受雇，是否出现拖欠工资的情况（人）	是	0	0
	否	12	86
近一个星期累计劳动/工作时间（SJ，人）	0≤SJ<20小时	4	57
	20小时≤SJ<40小时	4	15
	40小时≤SJ<60小时	2	11
	60小时≤SJ<80小时	1	0
	SJ≥80小时	1	3

与非贫困户家庭劳动力总数分别为 12 人和 86 人，他们主要从事农业劳动，除去农忙时的几个月，其余时间基本都赋闲在家。劳动力年龄结构方面，以 27~49 岁年龄段的劳动力较多，该群体拥有较好的身体素质，且文化程度高于家庭其他成员，如对其进行简单的非农技能培训，其可能从农业劳动中解脱出来，实现非农就业。被调查者中没有人从事非农工作。同时，工厂并未给他们购买任何保险，为了获取更高收益，他们经常加班，致使周劳动时间超过 80 小时。总体来看，该村农户主要从事农业生产，投资大收益少，很难实现脱贫致富。

十　农业资源和风险

土地是农民的"命根子"，是农民生存的基本资料和劳动对象，是农民生活的保障。从表 2-23 可见，该村现有耕地 32072 亩，且土地较为集中，户均土地在两块以下。同时，该村共 90 户农户的有效灌溉土地面积在 2 亩以下，因上年降雨较少，44 户因无法实施灌溉，致使作物受旱，占总调查农户的 39.64%。另外，调研户中有 43 户因粮价下降无法实现粮食及时出售，占总调研户数的 38.74%。总体来看，农村农业基础相对薄弱，一方面无法抵御自然灾害的侵害；另一方面种植条件落后，无法实现有效的农业灌溉和病虫灾害的防治。同时，农民缺乏现代化农业种植的技术和意识，在提高产量和质量方面受到严重制约。

表2-23 东胜村调研贫困户与非贫困户农业资源和风险情况

项目	类型	贫困户（户）	非贫困户（户）	项目	类型	贫困户（户）	非贫困户（户）
有效灌溉耕地（亩）	0≤亩<2	43	47	旱地（亩）	0≤亩<2	7	3
	2≤亩<4	0	0		2≤亩<4	0	1
	4≤亩<6	0	0		4≤亩<6	0	0
	6≤亩<8	3	1		6≤亩<8	1	2
	亩≥8	6	11		亩≥8	44	53
有效灌溉耕地经营块数（块数）	0≤块数<2	52	53	旱地经营块数（块数）	0≤块数<2	25	16
	2≤块数<4	0	3		2≤块数<4	23	32
	4≤块数<6	0	2		4≤块数<6	4	9
	6≤块数<8	0	0		6≤块数<8	0	2
	块数≥8	0	1		块数≥8	0	0
家中是否因自然灾害发生财产损失	是	12	32	上年主要农产品是否遇到卖难问题	是	11	32
	否	22	25		否	2	19
	不适用	18	2		不适用	39	8

第三章

东胜村精准扶贫精准脱贫现状

第一节　林甸县精准扶贫工作机制

林甸县针对国家第三方评估、国家和省扶贫专项审计、省扶贫核查验收、市交叉互检中发现的帮扶工作群众满意度差、政策知晓率低、帮扶措施不精准等问题，按照省委安排部署，坚持问题导向，进一步完善扶贫体制机制，保障脱贫攻坚工作长效推进，问题有效解决。

（一）建立工作推进机制

林甸县深入贯彻落实省委30号文件精神，聚焦安全饮水、农村道路、泥草房改造、产业发展、社会保障等脱贫攻坚任务，县委成立精准脱贫、包帮扶、产业发展、执纪问责等 13 个专项推进组，分别由 1 名分管县领导牵头负责，围绕"三通三有"和贫困退出 6 条标准，对所牵头推进事项全权负责、专题推进，确保完成专项推进任务，促使脱贫攻坚见成效。

（二）完善包扶联系机制

县委成立定点驻村扶贫工作办公室，负责对驻村工作队、第一书记、包扶干部的选派调整、管理考核和督察指导工作，确保驻村帮扶工作日常管理规范化，提升工作成效和群众满意度。向 83 个行政村选派驻村工作队、48 个贫困村选派第一书记，保证每个贫困村有 1 个驻村工作队和 1 名第一书记，每个非贫困村有一个驻村工作队。明确 2000 多名干部每人包保 2 户贫困户，每周二全体包扶干部深入贫困户家中开展帮扶工作，实现村村都有工作队，户户都有包扶干部。同时，建立与省市部门、石油石化企业等包扶单位的沟通联系机制，争取更多的外力支持。5 个省直单位、85 个市直单位、18 个石油石化企业分别成立扶贫工作队，深入包扶村开展定点帮扶，帮助解决实际问题。

（三）健全包扶考核机制

按照科学发展观的思路，建立健全精准扶贫包扶考核机制，完善包扶考核体系，不断创新考核思路，确保扶贫攻坚工作完成，实现全面消除贫困的历史任务。把脱贫攻坚工作推进成效纳入乡镇、社区及相关部门领导干部、领导班子年度考核指标体系，实行一票否决制，是激发各级干部抓好脱贫攻坚工作积极性和主动性的重要方法。当前，该县明确实施包扶考核机制，将扶贫责任下放到个人，施行问责制，一方面促使领导干部有针对性地对贫困户进行帮扶，另一方面可以监管领导干部的不作为、乱作为现象，实现良好的扶贫格局。

（四）主要帮扶方式

1.旱改水工程

林甸县位于大庆市最北部，耕地面积252.14万亩，播种面积232万亩，双阳河、乌裕尔河、北引干渠贯穿全境。几年来，针对"十年九旱"的自然现象，林甸县紧紧围绕"培育壮大主导产业，引领带动脱贫攻坚"的总体思路，大力实施"旱改水"工程（见图3-1）。明细发展路

图3-1　旱改水工程

（刘志拍摄，2017年8月）

径，培育壮大主导产业；依托基地建设，带动产业提档升级；优化服务保障，引领产业纵深发展。2017年新开发水田5万亩，水田面积迅速发展到36.7万亩。2016年水稻产量3.2亿斤，总产值4.96亿元，农民人均增收1500元，带动2100户贫困户脱贫。

2. 托牛入场工程

自脱贫攻坚启动以来，县委、县政府将奶业确定为全县的主导产业，并依托这一优势产业，在广泛调研和多方征求意见的基础上，兼顾牧场、贫困户双方利益，创造性地提出了"托牛入场"扶贫思路（见图3-2），实行"政府贴息、金融扶持、牧场托养、贫困户分利"的运行模式，通过以场带户推进精准扶贫、精准脱贫，有效解决了牧场扩建缺资金、贫困户脱贫无门路的难题，走出了一条场户双赢、脱贫致富的新路。截至目前，奶牛规模饲养已达4万头，其中托养奶牛1.2万头，带动贫困户3515户，占全县贫困户的21%，户均增收3800元。

图3-2 托牛入场

（刘志拍摄，2017年8月）

3. 金融扶贫

林甸县委、县政府高度重视金融扶贫工作，针对扶贫企业发展资金短缺、贫困户农业生产启动资金不足等问题，充分发挥金融主力军作用。推出建档立卡贫困户扶贫贷款，大力支持贫困户创业，实现精准扶贫，对符合贷款条件、有贷款意愿、有就业创业潜质、技能素质的建档立卡户，协调人民银行和农商行，给予5万元以下"免抵押、免担保"的小额信用贷款支持；对于能够提供一定抵押或担保的贫困户给予5万元至10万元的扶贫贷款。同时，推出企业扶贫贷款，大力支持扶贫企业发展实现精准扶贫，通过扶持龙头企业、特色产业、优势产业带动脱贫。推出土地流转大户贷款，推动现代化农业发展与贫困户致富"双赢"，实现精准扶贫。土地流转种植大户通过流转农村土地，释放农村劳动力，一方面使贫困户进城务工获取劳动报酬；另一方面获得土地流转费用，增加贫困户收入，从而加快贫困户脱贫进程。

4. 教育扶贫

林甸县认真贯彻落实习近平总书记"扶贫先扶智、彻底斩断贫困链条"的重要指示精神，以"根据县域实际、结合教育行业特点、因地制宜有效推进"为教育扶贫思路，精准发力，深入推进脱贫攻坚教育扶贫工作，加大建档立卡贫困家庭学生资助力度，建立上下联动、合力推进的教育脱贫机制。通过教育扶智提升贫困村和贫困家庭的自我发展能力。通过全面改善办学条件、加强贫困村学校师资队伍建设、瞄准扶贫对象、加大对建档立卡贫困家庭学生资助力度、强化教育帮扶责任等主要教育扶贫措施，全面推进教育扶贫事业，确保全县贫困家庭在义务教育阶段没有因贫辍学的学生，扶持贫困村发展教育，带动贫困家庭扶智脱贫，确保教育扶贫政策取得实效。同时，对农村劳动力的文化、科技培训是智力扶贫、阻断贫困代际传递的重要手段，其中以教育部门为主开展农村青壮年"扫盲"教育，以基层党组织、共青团组织、妇女组织为主展开政策法规教育，以农口部门为主展开农业科技普及培训，对广大农民深入开展文化、科技、卫生、安全和法律知识的教育，不断提高农民群众的综合素质，培养和梳理积极向上的奋斗思想和文明健康的生活理念。

5. 健康扶贫

2016 年，林甸县政府第 12 次常务会议讨论通过了《林甸县健康扶贫方案》，该方案所实施的范围及对象，仅为全县因病致贫人口，并没有对所有农村贫困人口进行全覆盖。为切实解决林甸县农民因病致贫、因病返贫问题，保障所有农村贫困人口的健康权益，助力全县脱贫攻坚进程，林甸县及时对方案进行了调整，实现了帮扶范围及对象涵盖了全县所有农村贫困人口。在健康扶贫中，林甸县投入了大量的资金、人力，并动员了医院及社会公益组织，以林甸县精准扶贫"送光明"活动为例，针对全县农村患有白内障的贫困人口，大庆眼科医院给予免费治疗，实现了免费做手术，患者个人不用承担一分钱。实施健康扶贫工程，是实现农村贫困人口脱贫的又一项重要举措。

第二节　东胜村致贫因素分析

一　因病致贫

东胜村当前最主要的致贫因素之一就是因病致贫。从表 3-1 可见，在所调查的贫困户中，家庭成员健康的户数仅有 3 户，家中有两名病患者达到 25 户，占总调研户数的48.08%。在所有病患中患长期慢性病 47 人、大病 11 人、残疾者 14 人，病情较严重的有 60 人，家庭成员患病给贫困家庭带来沉重的经济压力。另外，该村贫困户中年家庭总收入小于 2 万元的有 43 户，占总调研户数的 80.77%。同时，在这些家庭中，大部分家庭的医疗总花费在 5000 元以上，虽然新农合给予一定的医疗费用报销，但是就病患家庭的自费部分看，花费在 5000 元以上的农户最多，且贫困户年终家庭存款基本为 0 元（见表 3-1）。因病致贫是东胜村最重要的致贫因素之一，需要乡镇政府及村两委高度重视，从健康医疗帮扶角度实现贫困户稳定脱贫（见图 3-3）。

表 3-1　东胜村调研贫困户家庭健康及治疗花费情况

选项		数量	选项		数量
家庭成员不健康的户数（户）	0 人	3	家庭病患治疗总费用（FY，户）	FY ≤ 500 元	9
	1 人	24		500 元 < FY ≤ 1000 元	2
	2 人	25		1000 元 < FY ≤ 5000 元	7
	3 人及以上	0		FY > 5000 元	34

选项		数量	选项		数量
调研对象健康状况（人）	健康	38	家庭病患治疗自费部分（ZF，户）	ZF ≤ 500 元	10
	长期慢性病	47		500 元 < ZF ≤ 1000 元	0
	患有大病	11		1000 元 < ZF ≤ 5000 元	13
	残疾	14		ZF > 5000 元	29
家庭成员患病严重程度（人）	不严重	0	家庭病患治疗报销费用（BXF，户）	BXF ≤ 1000 元	24
	一般	14		1000 元 < BXF ≤ 5000 元	14
	严重	60		BXF > 5000 元	14
家庭病患者是否接受治疗（人）	是	59	年家庭总收入（ZSR，户）	ZSR ≤ 20000 元	43
	否	15		20000 元 < ZSR ≤ 50000 元	8
没治疗的主要原因（人）	经济困难	14		50000 元 < ZSR ≤ 80000 元	1
	医院太远	0		ZSR > 80000 元	0
	没有时间	0	上年年底家庭存款（CK，户）	无	52
	不重视	1		0 元 < CK ≤ 10000 元	0
	小病不用医	0		10000 元 < CK ≤ 20000 元	0
	不适用	73		CK > 20000 元	0

图 3-3　因病致贫贫困户

（刘志拍摄，2017 年 8 月）

案例3-1：潘清江，男，53岁，初中学历，家中三口人，本人、妻子和女儿，东胜村建档立卡贫困户。潘清江因患有强直性脊柱炎无法从事劳动；妻子患有冠心病和胆囊炎，可从事简单的农业劳动。2016年，因看病潘清江花费66000元，其中医疗报销16000元，自费50000元；妻子孟祥萍花费6000元，其中医疗报销2500元，自费3500元，一年医疗费用总计花费53500元。同时，该户并无存款，贷款金额达到40000元。综合来看，该户最主要的致贫因素是因病致贫。

二 因缺劳动力致贫

调查显示，该村缺劳动力致贫的家庭占贫困家庭总数的42.34%。在无劳动力的贫困户中，除一部分因病、因伤而丧失劳动能力的贫困户外，大部分是寡居、独居的老龄户。这部分贫困户因年龄较大，没有劳动能力，收入来源少。从表3-2可见，劳动力与人口比小于0.3的贫困家庭年人均纯收入为341.40元，而劳力与人口比在0.8 ~ 1的，年人均纯收入为2601.30元，是前者的7.62倍，劳动力的多少与家庭收入水平成正相关。也就是说，缺少劳动力是当前东胜村贫困户致贫的重要原因。针对这种情况，相关领导部门应该给予足够的重视和关注，找出具体原因，有针对性地给予农户精准帮扶措施（见图3-4）。

表 3-2　东胜村劳动力与家庭人口比、家庭人均纯收入状况的关系

劳动力与家庭人口比（A）	0 ≤ A < 0.3	0.3 ≤ A < 0.5	0.5 ≤ A < 0.8	0.8 ≤ A ≤ 1
家庭人均纯收入（元）	341.40	687.02	1097.39	2601.30

图 3-4　缺劳动力致贫贫困户

（刘志拍摄，2017 年 8 月）

案例 3-2：宫昌余，男，67 岁，小学学历；妻子王淑志，女，61 岁，小学学历，东胜村建档立卡贫困户。该户成员因年龄较大基本丧失劳动能力，因此家中并无经济来源。在问卷调查中的致贫原因栏中，该户选择的是因缺劳动力和因病致贫。同时，该户的劳动力与家庭人口比为 0，劳动力与人均纯收入比也为 0。因此可以断定，该户的最主要致贫原因是缺劳动力致贫。在村两委公布的该户致贫原因中，明确指出该户是缺乏劳动力致贫。

三　因缺资金致贫

调查显示，该村农户年人均收入为 7000 元，远远少于全县的年人均收入 14500 元。在所调查的贫困户中，在家庭有无存款栏中，填写的基本是零，并且，在家庭贷款栏中，所有贫困农户都存在欠款现象。这将直接导致农户无法加大农业生产或非农生产的投资，甚至根本无法保证生产的再继续。缺少资金是当前的贫困户面临问题的一方面，没有资金可以向商业银行、亲戚朋友及社会组织借贷，但是，事实上并非如此。首先是商业银行，如果客户没有抵押物很难贷款，而贫困户根本无法提供任何抵押物，同时，以第三方担保进行抵押贷款在贫困户身上也难以实现，因为第三方同样担心贫困户无力偿还贷款。其次是亲戚朋友的个人借贷，由于深知贫困户的家庭状况，他们迫于借贷风险压力，虽存在亲属朋友关系，也不愿借给

图 3-5　缺资金致贫贫困户

（刘志拍摄，2017 年 8 月）

贫困户钱。最后是社会组织借贷，由于农户自身能力有限，无法联系或根本不能实现向社会组织求助。综上，东胜村贫困户缺乏资金是重要的致贫原因，并且就当前的状况来说，他们无法获得金融贷款（见图3-5）。

案例3-3：史常锁，男，41岁，初中学历，家中四口人，本人、妻子和两个女儿，东胜村建档立卡贫困户。劳动力两人，家中无土地，主要经济收入来源为丈夫在本地打零工所得，而因孩子年龄较小，妻子赋闲在家照顾两个孩子，并未从事任何劳动。2016年，史常锁本地打工时间为180天，共获得劳动收入10000元。除去家庭消费，该户年终家庭存款为负2340元，同时，由于入不敷出，其还向亲属借款2000元用于孩子教育支出。据史常锁介绍，"我现在才41岁，身体健康，由于家中没有土地，只能靠打工挣钱。但是，我学历又低，找不到高收入的工作，只能在本地打打零工，辛辛苦苦干一年，还不够家里花的，现在的日子过得非常贫穷。我就想能不能自己家开一个小卖部，通过这个赚钱，但是家里没有一点存款，借又不敢借（向亲属借钱），贷款又没有能力，找不到贷款门路。所以只能这样慢慢熬着过日子。"

四 因劳动力文化素质低致贫

农村人口文化素质低是中国乃至世界普遍存在的现象

和问题，而作为家庭主要经济收入来源的劳动力，其文化素质低是导致家庭贫困的重要因素。就东胜村来说，许多贫困人口因贫困而失学，又因失学而成为新一代贫困人口，长期持续着"失学 - 贫困，贫困 - 失学"的恶性循环。劳动力文化素质低，既是贫困的结果，又是造成贫困的因素。调查结果表明，贫困农户当中的劳动力文化素质状况普遍较差，贫困人口中文盲率为 30.78%，贫困人口平均受教育时间为 4.92 年，大大低于城市人口平均受教育年限。由于劳动力文化素质低，在进一步发展家庭经济时，更易缺计划、缺技术、缺管理能力。同时，劳动力在外出打工时，其劳动收入也与非贫困户有很大差距，并且，贫困户中的劳动力人口因文化素质较低及经济收入较差，更易产生自卑感和自负感，使之对脱贫致富缺乏信心和决心（见图 3-6）。

图 3-6　劳动力文化素质低致贫贫困户

（刘志拍摄，2017 年 8 月）

案例3-4：高忠青，男，49岁，高中学历，家中三口人，本人、妻子和儿子，东胜村建档立卡贫困户。高忠青表示"我现在是贫困户，我和老婆都身体健康，并无任何疾病，完全可以从事劳动，但是，由于我俩学历低，文化水平低，年龄也大了，打工根本找不到合适的工作，只能在家种地。孩子又有脑瘫，更离不开人。"调研组问其为什么不学习劳动技能，在本地寻找一些打零工的工作时，他表示，"我们哪能获得这样的机会啊，年龄大了，学也学不好，村里的水稻种植培训，我根本不知道学啥、也学不会，教的东西记不住、琢磨不明白。老婆更是啥也不懂，为了孩子，只能在家啥也不干，我们就是文化太低了，要是以前我能接着继续读书也不至于现在是贫困户。"

五　因缺技术致贫

数据显示，该村当前贫困人口共123人，其中很大一部分属于老弱病残群体，在仅有的16~60周岁的12名劳动力人口中，由于长期生活在农村，对当今社会经济发展状况认知具有片面性，同时，由于这部分群体自身文化素质偏低，缺乏对高科技和高效管理水平的认知，随着科学技术的飞速发展，他们可能被社会忽视甚至淘汰。由于缺乏农业种植技术，在现代化农业发展的背景下，农户基本不能承担农业发展所需的技能，因而被迫从事着传统的农业种植方式，低效的农业生产不能帮助其脱贫致富。同时，由于劳动力缺乏非农职业对科学技术水平的要求，而被排斥在高薪职业之外，进而从事体力劳动。综上所述，农民工在技术方面的缺失使其完全处于被动地位，也正是出于这样的原因，他们仅仅维持当前的贫困现状而无法通过其他方式脱贫致富（见图3-7）。

图 3-7　缺技术致贫贫困户

（刘志拍摄，2017 年 8 月）

案例3-5：刘全山，男，40岁，高中学历，家中三口人，本人、妻子和女儿，东胜村建档立卡贫困农户。本人及妻子患有心脏病，但2016年并未发病，也未进行任何治疗。家中有37亩耕地，2016年家庭务农收入共计25000元，除去生活花销及孩子上学费用，年终存款为0元，且有贷款3000元。当前，该户为贫困户，主要原因是夫妻两口缺乏技术，无法通过现代化农业结构转变增加农业经营收入。同时，由于该户常年在家，并不了解大城市的现代化发展状况，对社会职业需求、技能需求不了解，无法学习职业技能获取收入。

第三节　东胜村精准扶贫取得的成效

东胜村是林甸县典型的非少数民族聚居贫困村，根据"回头看"后的数据，截至 2017 年 8 月，东胜村现有贫困户 65 户、123 人。从致贫原因来看：缺土地 1 户、4 人；因病 59 户、110 人；因残 4 户、8 人；因灾 1 户、1 人。从贫困户属性来看：低保贫困户 39 户、74 人；五保户 1 户、1 人；一般贫困户 25 户、48 人。精准扶贫政策实施以来，东胜村依托旱改水工程、托牛入场、教育扶贫、健康扶贫、基础设施建设、幸福大院工程及社会保障扶贫等一系列帮扶措施，取得了贫困户收入提高、生活生产条件改善、健康医疗保障水平提高、贫困户幸福指数提升及对国家政策满意度提高等成效。

一　收入提高

东胜村作为林甸县较为典型的贫困村，2013 年，农村居民年人均纯收入仅为 5177 元，仅为县平均年人均纯收入水平的 35.7%。从单方面的经济收入来看，东胜村居民收入水平严重低于县域经济收入水平，致使该村贫困户及贫困人口大量存在。随着 2013 年 11 月精准扶贫政策实施以来，东胜村大力发展生产，实施了一系列惠农、富农的帮扶措施，实现了农村居民收入稳步提高。截至 2017 年 8 月，该村贫困户仅为 65 户、123 人，贫困户因收入的增长和生活水平的提升已经逐渐脱贫。同时，据该村 2016 年经济发展报告数据，当前该村农民年人均纯收入达到 7000 元，较 2013 年收入增长 35.21%。

案例 3-6：李亚芬，女，64 岁，家中五口人，本人、儿子、儿媳、孙子、孙女，东胜村建档立卡贫困户。因本人脑出血失去自理能力，常年卧床；孙女因患有自闭症、癫痫未能上学，被识别为因病致贫建档立卡贫困户。下面是部分访谈录音记录。

课题组：请问您丈夫在哪工作、什么职业、工资收入是多少？

被采访人：丈夫在甘肃工作，在井队工作，在过年时回来，在家大概两三个月，2016 年收入 30000 元。

课题组：2016 年有没有赡养性收入、低保金收入、粮食补贴，分别是多少钱？

被采访人：赡养性收入没有；低保金收入是 2301 元；粮补（粮食补贴）是 2144 元。

课题组：家里面的地卖（土地流转）出去了、卖了多少钱？

被采访者：地卖了，一亩卖了 220 元，家里总共三十亩地，总共 6600 元。

课题组：2016 年家里看病，医疗报销大概报销了多少？

被采访人：2016 年看病吧，老人大概给报销了 13000 元。

通过以上的家庭收入及医疗报销数额统计，该户2016年的人均收入为8029元，同时在生病时，国家医疗报销比例较大，数额较多，家庭收入明显提升，且生活质量有所提高。

二 生产、生活条件改善

精准扶贫政策实施以来，东胜村始终坚持做大做强农业，产业优化升级，保证农业生产有序进行，积极调整种植业结构，加大水田开发及旱改水工程投资力度。当前，该村灌溉机电井数量达到54个，建设灌溉水渠长度达15000米，基本保证了农田的灌溉。2017年东胜村种植玉米1万亩，红小豆500亩，绿豆9450亩，谷子3000亩，水稻6000亩。此外，该村加大乡村基础设施建设力度，投资建设5米宽的通村硬化道路6000米、村内通组硬化路19000米，并在村内显著位置架设路灯。该村加快互联网通村项目建设，成功引入移动、联通、电信等网络服务企业，实现户户网络畅通。数据显示，该村当前共有770户家庭拥有电脑，并成功联网；有线电视户数达到750户，卫星电视户数达60户，家家户户都能看上电视。生活设施方面，该村加大电力供应，保证户户通电。加大管道自来水供应项目建设，当前已实现320户居民使用净化处理自来水。加大社会保障建设力度，全村804户、2750人参加新农合，并且得到上级财政50%的参保补助。加大社会保障制度建设力度，当前该村共有低保人数42人、五保供养人数 2 人，并采用集中与分散供养相结合的供养方式。精准扶贫政策实施三年多，东胜村居民在生产、生活条件方面得到了巨大的改善，居民幸福感得到显著提升。

案例 3-7：牛俊富，男，59 岁，家中两口人，本人和妻子，东胜村建档立卡贫困户。本人患高血压、脑梗、小脑萎缩；妻子因脑出血留下后遗症而无法行走，被认定为因病致贫建档立卡贫困户。当前该户仅有的 30 亩地已经卖（流转）出去了，每亩每年为 200 元。同时，住房已重新翻盖，是质量良好的彩钢房，盖房资金靠三个女儿每人拿出 1 万元，剩余的由政府补贴。家里吃水、用电等都有保障；出门有公路，特别方便。该户也领到了低保金，每年为 2400 元。同时，家里两口人也参加了新农合，并得到 50% 的参保补助。同时，该户的帮扶人经常入户帮扶，为该户解决实际困难，包括生活物资的购买和妻子的轮椅问题。就问卷数据及录音资料来看，该户对自家住房非常满意、对周围的生活环境非常满意，并未觉得周围环境受到任何污染，对当前的生活状况也比较满意，觉得自家生活 5 年以后会过得更好。

三 住房条件改善（幸福大院）

保障住房是东胜村村两委关注的重点，东胜村严格执行黑龙江省住房和城乡建设厅与黑龙江省财政厅联合下发的

《关于加强农村公租房（幸福大院）规划建设和使用管理工作的指导意见》文件，由政府、村集体捐赠出资，为该村特困人员、贫困残疾人家或无儿无女依靠、无经济能力的鳏寡孤独等特困群体建设幸福大院。截至2017年，该村已完成幸福大院建设，特困人员陆续迁往新居。该村还积极进行土坯房修建和危房改造工作，修缮该村竹草土坯房350户，并对该村170户危房进行彻底改造，全面建设人居安全、生活满意的舒适住房。为建设社会主义新美丽乡村、美丽农村和实现农村地区全面进入小康社会而努力、奋斗。

案例3-8：幸福大院调查发现，当前该村仅有一户符合条件的贫困农户未迁往新居，深入调查发现，该户是两位无儿无女的老人，因舍不得祖屋和无钱置办新的生活用品而迟迟没有搬迁。这件事引起了调研组的关注，调研组组长前往农户家中进行劝说，并承诺以个人身份收购其家中自产的大葱500斤，并随后以个人身份为农户购买了两套床上用品。村书记也承诺，在两天内组织村干部为其办理入住幸福大院手续，并为其免费搬家。该贫困户也被感动和受到鼓舞，同意搬入幸福大院，并承诺种出优质的无污染大葱，等待调研组组长过来收购。

四 健康医疗保障水平提高

与住房同样重要的是保障农村贫困居民接受基本医疗

的权利。该村由上级拨款 20 万元，于 2015 年 9 月建成村卫生室一个，工作面积为 100 平方米，各种医疗器材和常备药物已经配置齐全。另外，为有效提高农村医疗水平，保障居民看病安全，该村特聘请具有行医资格证书的工作人员两名，成功实现小病本村解决的良好局面。同时，在卫生计生方面，由村两委牵头，由村卫生室主办的村卫生计生技术培训也连续办了两届，2015 年该村共 30 人次参加培训，2016 年该村共 50 人次参加了培训，主要解决的是农村妇女的卫生生计安全隐患问题。在该村贫困户中，很大一部分农户是因病致贫，为此，该村专门设立了因病致贫农户账本，详细记录了该群体的病因、病况、家庭现状、治疗所需药物及费用和当前需要解决的最重要困难。进一步发挥了村两委为民服务的功能，同时也将村卫生室纳入贫困村民的疾病治疗体系中，发挥村卫生所的职能作用，为因病致贫家庭疾病预防和疾病治疗等提供指导服务。

案例 3-9：潘清江，男，53 岁，初中学历，家中三口人，本人、妻子和女儿，东胜村建档立卡贫困户。潘清江因患有强直性脊柱炎无法从事劳动；妻子患有冠心病和胆囊炎，但可从事简单的农业劳动。2016 年，因看病潘清江花费 66000 元，妻子孟祥萍花费 6000 元，一年医疗费用总计花费 72000 元，精准扶贫政策实施后，该户被选定为因病致贫建档立卡户，由于参加新农合，2016 年获得医疗报销共计 18500 元，同时，获得特殊医疗保障，每年获得补贴性收入 2930 元。该部分医疗报销和补贴虽然占医疗总花费比例较小，但是在一定程度上缓解了家庭负担。另外，该户在村卫生室存有档案，卫生室定期来到家中给病患做体检，并为患者提供用药指导和普及疾病预防知识。总体来看，该户非常满意当前的生活状况，并对 5 年后的生活充满期待。

五 贫困户幸福指数提升

精准扶贫政策实施以来，东胜村发生了巨大的变化，贫困户数量大大减少，由 2014 年初的 415 户下降到 2017 年 8 月的 65 户，贫困户减少 350 户。从表 3-3 可见，2016 年至今脱贫 251 户，农户收入大幅增加，贫困户实现真正脱贫。

表 3-3　东胜村贫困户脱贫情况

时间（年份）	2014	2015	2016	2017
贫困户数（户）	415	387	316	65

脱贫指标只表明贫困户在经济上跨越了贫困线，在物质上得到了有效帮扶，而作为贫困户精神上的满足和精神上的幸福指数提升则要靠主观满意度来测评。从表 3-4 可见，在对现在生活状况满意程度和当前的幸福感程度调查中，仅 10 户选择不满意，原因是家庭成员患有大病，家

中有残疾人的 3 户、家中孩子有先天病的 2 户，剩下的 5 户为家中成员患有重大疾病，这些因素不仅给对应的家庭造成物质上的严重匮乏，而且给家庭带来巨大的精神折磨。该村通过医疗报销和社会保障等措施对这部分群体进行了"一对一"的帮扶，减少贫困户的实际困难。同时，该农户表示，"自家得到了政府的帮助，生活上一定能得到很好的改善，自己也有了继续生活的勇气和信心"。另外，就当前与 5 年前相比家庭生活变得怎么样和 5 年后家庭生活会变得如何的问题方面，有超过 60% 和 48% 的农户认为在此基础上会变得更好。在被采访的农户中，总体上表达了对当前生活状况的认可，并表达了对未来美好生活的向往和信心。

表 3-4　东胜村贫困户幸福感状况

问题	选项	农户数（户）	问题	选项	农户数（户）
总体来看，对现在生活状况满意程度	非常满意	2	与 5 年前相比，你家的生活变得怎么样	好很多	9
	比较满意	11		好一些	24
	一般	29		差不多	10
	不太满意	5		差一些	4
	很不满意	5		差很多	5
你当前的幸福感程度如何	非常幸福	2	你觉得 5 年后，你家的生活会变得怎么样	好很多	6
	比较幸福	6		好一些	19
	一般	34		差不多	8
	不太幸福	5		差一些	2
	很不幸福	5		差很多	17

案例 3-10：王灯财，男，62 岁，家中两口人，本人和妻子，东胜村建档立卡贫困户。本人三级残疾，妻

子患有脑梗、脑出血、糖尿病，目前两口都无法进行劳动，2016 年两人共花费医疗费用 25000 元，属因病致贫贫困户。下面是部分问卷录音记录。

课题组：您对现在生活状况的满意程度如何？

被采访人：比过去满意，总体来看还是满意的。

课题组：与 5 年前相比，您家的生活变得怎么样？

被采访人：比以前强，以前连吃的都没有，现在米面都有，现在变得好多了。

课题组：您觉得 5 年后，自家的生活会变得怎么样？

被采访人：那就更得好了，会好很多，不管咋地，以后肯定会过得更好。

课题组：您当前的幸福感程度如何？

被采访人：现在感觉挺幸福，有吃有喝，医疗看病有报销，居住的也好了，路都修到家门口，孩子也长大了，我们能干就干，不能干就闲着，感觉挺幸福的。

从该户的问卷数据及录音资料来看，总体生活状况有了很大改善，家庭幸福指数有了很大提升。

六 贫困户对国家政策的满意度提升

精准扶贫政策理论是习近平总书记有关扶贫重要理论的核心内容，是贫困治理的重大理论创新，是党中央治国理政新理念、新思想、新战略的重要组成部分。当前，该村贫困户对国家政策的满意度大大提升，主要表现在对该村安排的扶贫项目和实施的惠农政策上。该村的健康医疗保障水平大大提升、村庄的基础设施建设得到完善、农村危房得到改造和幸福大院得到建设、学生入学学费得到减免及学业得到奖励、生存生活水平得到改善、收入水平得到提高和年人均纯收入得到增加。从表3-5可见，该村贫困户对为本村安排的扶贫项目认为合理的达到42户，占总调查户数的80.77%；对扶贫效果认为比较好及以上的有43户，占总调查户数的82.69%。从贫困户家庭角度来看认为为本户安排的扶贫措施合适的有42户，占总调研户数的80.77%；认为本户到目前为止的扶贫效果比较好及以上的有41户，占总调查户数的78.85%。总体来看，该村并未出现对精准扶贫政策不满意的状况，且贫困户对本村实施的精准扶贫政策给予了充分的肯定。

表3-5　东胜村贫困户对精准扶贫政策满意度分析

项目	分类	农户数（户）	项目	分类	农户数（户）
为本村安排的扶贫项目是否合理	非常合理	23	本村到目前为止扶贫效果如何	非常好	19
	比较合理	19		比较好	24
	一般	1		一般	4
	不太合理	0		不太好	0
	很不合理	0		很不好	0
	说不清	9		说不清	5
为本户安排的扶贫措施是否合适	非常适合	20	本户到目前为止的扶贫效果如何	非常好	16
	比较适合	22		比较好	25
	一般	2		一般	9
	不太适合	0		不太好	0
	很不适合	0		很不好	0
	说不清	8		说不清	2

案例3-11：张志财，男，76岁，家中两口人，本人和妻子，东胜村建档立卡贫困户。本人患高血压、脑梗，妻子患脑梗、腰椎间盘突出、胃病，同时家中并无劳动力，土地卖出去了，没有农业收入，被认定为因病、因缺劳动力致贫贫困户。下面是根据部分问卷录音资料整理的对话。

课题组：您认为本村的贫困户选择是不是合理的？

被采访人：是合理的，挺合理，看得出谁穷谁富，哈哈，这个是非常合理的。

课题组：您认为为本村安排的扶贫项目是否合理？

被采访人：我觉得还是非常合理的，现在交的这个4000块钱的托牛入场，是非常好的，就是交4000块钱，到年底领分红，挺好的，非常合理。

课题组：您认为本村到目前为止扶贫效果如何？

被采访人：从整个村子来看，现在的扶贫效果，就是当前挺好的。

课题组：您认为为本户安排的扶贫措施是否合适？

被采访人：给我们家安排的项目挺好，托牛入场、扶贫猪措施是非常合理的。

课题组：您认为本户到目前为止的扶贫效果如何？

被采访人：我家的扶贫效果也挺好，那是相当合理的，生活变好了，生活负担减轻了很多。

通过以上问题的访问，被访人觉得自己家里的生活状况总体上变得好多了，针对该户的处境，扶贫措施选择较合理，效果也非常好，对当前的精准扶贫措施表示了充分的肯定，并对未来的脱贫发展充满了期待。

第四节　东胜村精准扶贫精准脱贫过程中存在的问题

一　贫困户内生动力不足

贫困户内生动力不足是指贫困户在脱贫致富过程中缺乏主动性、参与性和积极性。在反贫困过程中，政府推动是外因，农户自我发展才是动力，是脱贫致富的根本途径。调查显示，东胜村部分贫困户同样存在内生动力不足的现象，主要表现在：一是缺乏明确的未来规划和脱贫致富的决心。因贫困户长期处于贫困状态，无法对家庭发展做出规划；同时，又表现为一种强烈的自负心理，以贫困为借口，对当前的贫困状况逆来顺受，丧失脱贫致富的信心。二是固守传统耕作习惯或不敢尝试产业结构调整。随着精准扶贫政策的实施，该村加大了产业结构调整引导和倡导力度，但是，部分贫困户仍固守传统农业种植方式，对国家倡导的产业结构调整持观望、排斥和远离态度。三是资金不足又不愿或不敢贷款。长期贫困致使贫困户家中缺乏改变现状实现发展的资金，同时，农户因穷怕了，更担心贷款还不上和做出改变所带来的风险，从而不愿意或者不敢贷款。四是脱贫致富能力水平不足又不愿接受技能培训。因贫困户长期处于贫困状态，丧失了天然的劳动技能，但在政府组织的技能培训中持中立态度，不反对也接受。五是部分农户"等、靠、要"思想严重，长期贫困养成了贫困户安于现状的强烈依赖心理，长期无条件获取政府资助和帮扶，已从劳动群体转变为"等、靠、要"的懒人，不能发挥自身能动性。

二　基础设施建设资金缺乏、后期管护问题突出

加强农村基础设施建设既是经济发展的重要因素，也是脱贫攻坚必须完成的硬指标，虽然该村在基础设施建设方面取得了相当大的成果，但在水、路、房等基础设施建设方面稍显滞后，欠账较多。由于上级投资项目少，加之本级财力较弱，积累不足，贫困群众的自筹能力有限，对于一些基础设施项目、产业发展项目、公益事业项目只能保持观望态度，等待上级支持，在一定程度上影响了脱贫步伐。基础设施建设是村集体项目，部分项目建设具有较强的公益性质，无法依靠个人能力完成。由于资金相对匮乏，在无法保证支付雇用工人工资的情况下，村干部无法有效发动群众进行公益劳动建设。同时，当部分基础设施项目，特别是具有公益性质的基础项目建成后，由于缺乏资金，在后期管理维护中面临无人管护的窘境，甚至暴露出更大的问题。

三 不愿意脱贫的建档立卡户及原因

调查结果显示，当前该村存在部分建档立卡贫困户已经达到脱贫的条件而不愿意脱贫的现象。主要原因有以下几个方面：一是建档立卡户仅仅是在收入水平上达到脱贫条件，在人文方面如接受教育、技术培训方面缺乏条件；精神健康、生活压力方面缺乏有效缓解；政治自由和权利获取方面缺乏保障等，建档立卡户不能脱贫。二是建档立卡户怕在脱贫确认书上签字之后，作为贫困户的一切扶贫优惠政策都会被取消，为了能够更长时间地享受国家的扶贫优惠政策，他们不愿签字，不愿脱贫。三是建档立卡户思想消极保守，思维观念还停留在自给自足的自然经济时期，没有发展动力，安于现状并产生了强烈的依赖心理，长期无条件获取政府资助和帮扶，已从劳动者转变为"等、靠、要"的懒人，一旦脱贫，该部分贫困户无法自力更生，生活质量下降，会再次返贫。

四 非贫困户不平衡心理严重

东胜村积极贯彻落实精准扶贫政策，通过一系列帮扶措施，成功帮助贫困户脱贫。但在帮扶措施实施过程中引起了非贫困户的不平衡心理，表现在：一是对精准扶贫帮扶措施只针对贫困户而未涉及自身而感到不满。当前，该村的扶贫政策及扶贫项目措施都只针对贫困户，包括为贫困户修建危房和免费让无房贫困户住进幸福大院；带动贫困户托牛入社、允许贫困户入股农民合作社，实现收益分红；给予贫困户低息或者无息贷款等一系列措施。非贫困户因非贫困身份无法获得政策帮扶，产生不平衡心态。二是部分非贫困户的自家亲人是贫困户，因获得的帮扶措施少于其他贫困户而不满。三是非贫困户对当前的贫困户识别标准表示不满，心理不平衡。

访谈一：当前，该村的低保实行差额发放，即按照国家制定的贫困线标准，减去农户年人均纯收入后所剩余的差额进行发放，导致贫困户获得的低保数额普遍不同。非贫困户因自家亲人是贫困户，且拿到的低保数额较少而感到不满。该村部分贫困户因获得的低保补助较以往减少，而内生不满。

访谈二：村中一户非贫困户，因未分家，家中父母患有大病，每年医疗花费数额巨大，给家庭成员的经济和精神都带来了严重的压力。在贫困户识别过程中，因收入减去父母看病的钱后，剩余人均纯收入略大于国家制定的贫困线标准，并且家庭拥有安全住房而被排除在贫困户识别范围外。该户目前生活窘迫，压力巨大，由于未被评为贫困户，不能享受扶贫政策，该户对该村的识别标准表示不满，产生不平衡心态。

五　扶贫项目缺乏可持续性

当前，该村实施的精准扶贫项目主要表现在发展现代化农业种植业、基础设施建设及农民合作社等方面。虽然在较短的时间内能快速取得效益，并将效益惠及贫困户，促使贫困户收入水平跨越国家制定的贫困线标准。但从长期来看，有些扶贫项目缺乏可持续性，主要表现为：一是在帮助贫困户进行现代化农业种植时，聘请的农业种植技术人员只进行指挥，并未将选种育苗、种植方法、病虫害防预等技术传授给农户，一旦帮扶技术人员撤离，贫困户无法实现可持续农业种植。二是有些基础设施建设仅是"面子工程"，并未对贫困户产生较大的帮扶效果，浪费人力、物力及财力，是不可持续的帮扶项目。三是农民合作社拉动贫困户入股，并在获取效益后进行分红。但作为水稻种植农民合作社，仅发动群众种植大米，而不教授农户如何拓展销售渠道，一旦农户脱贫退社后，农户将找不到大米销售市场，这种发展方式具有不可持续性。

第五节　东胜村精准扶贫精准脱贫实现路径

一　增加贫困户内生动力

精准扶贫要求有效发挥贫困农户的主体作用，鼓励其主动参与扶贫项目运行。激发贫困户内生动力，也对帮扶工作提出新的要求。要更加关注贫困户"精神贫困"问题，引导贫困人口树立独立的市场主体意识、竞争意识；把资源更多地投向"发展的穷人"，采用量体裁衣的"滴管"式精准脱贫，形成资源配置的激励机制；切实发挥专业合作社等新经济组织的作用，通过"合作社+"，将贫困户、企业、市场联结成稳定的产销关系，形成多方合作共赢的共同体；加强贫困户发展产业的风险保障，创新产业发展方式，开发扶贫金融产品，逐步提高社会保障对脱贫的贡献率，增强贫困户发展产业的信心和决心，不断提升发展的内生动力。

二 拓宽融资渠道，加强设施建成后的管护工作

当前，该村的基础设施建设资金主要来源于上级扶贫补助，由于上级资金补助较少而无法实现基础设施规模化建设和基础设施建成后的管护。该村应该通过社会组织、公益基金帮扶等方式拓宽融资渠道，同时还可通过适当的信贷融资筹集资金。另外，该村应该大力发展集体经济，当前，该村集体财务仅能维持平衡，无法实现使用集体资金帮扶贫困户和进行乡村基础设施建设。因此，该村应该大力发展村集体经济，实现村集体内部经济发展满足村集体基础设施建设资金需求。在基础设施建成后，应该从集体财务中划拨资金聘请专人进行基础设施维护管理工作，在聘请管护人员时可全部聘请贫困户，一方面实现基础设施的有效管护；另一方面可增加贫困户的经济收入，实现贫困户脱贫致富。

三 引导不愿脱贫的建档立卡户如期脱贫

当前，该村存在不愿脱贫的建档立卡户。针对这一情况，村两委应该具体分析建档立卡户不愿脱贫的根本原因，对症下药，积极引导不愿脱贫的建档立卡户如期脱贫。一是针对贫困户仅仅是收入达到国家脱贫线，而在人文方面不能满足脱贫条件的建档立卡户。对贫困户进行教育帮扶、技能培训；解决贫困户精神上面临的困境和生活上的压力；保障贫困户的政治自由和民主权利。二是针对贫困户担忧在脱贫确认书签字后无法继续享受扶贫政策的贫困户，应进一步巩固脱贫效果，实现长效扶贫机制建设，可许诺在 2020 年全面消除贫困前的一段时间内，对已脱贫的贫困户继续进行帮扶，巩固扶贫效果。三是针对一些因自身发展动力不足，且已经对帮扶政策形成依赖的"等、靠、要"的贫困户，实行"扶智"教育，帮助贫困户树立正确的价值观念；引导贫困户加入农民合作社，使其在集体劳动中培养正确的劳动价值观。

四 采取有效措施，安抚非贫困户的不平衡心理

针对非贫困户产生不平衡心理的具体原因，采取有效措施对非贫困户进行安抚，并积极寻求非贫困户产生不平衡心理原因的解决方法。一是在精准扶贫政策帮扶贫困户的基础上保持不变，同时在公共基础设施建设服务，公共健康、教育、卫生、信贷及社会保障等方面加大对非贫困

户的帮扶。二是针对非贫困户中有贫困户亲属的，对该贫困户低保问题进行重新核查和重新发放，做到公正且合理，消除非贫困户的不满心理。三是针对非贫困户当中存在需要真正帮扶的现象，进行"回头看"工作，加强识别精准度，将真正需要帮扶的人群识别出来，并进行精准帮扶。

五　增强扶贫项目的可持续性

东胜村增强项目的可持续性，应从以下几个方面考虑：一是强化项目的前期"学习"和中后期"参与"，加大对项目参与者尤其是项目受益人的培训力度。鼓励项目受益人尤其是贫困户积极"参与"项目的建设和管理，在参与中学习、学习中参与，以提升扶贫项目的管理水平。二是在扶贫项目管理实践中，要想提高扶贫项目的可持续性，必须加强项目管理人的能力建设，同时要在项目结束后实现项目受益人自行管理项目。三是从扶贫项目进入实施期开始，就必须严格按照项目的扶贫目标和项目的实施计划开展项目建设，要高度重视扶贫项目的前期绩效评估，为项目的"长治久安"打牢基础。

第四章

东胜村精准扶贫农户满意度影响
因素分析

第一节　历史回顾

　　我国通过发展进行减贫，即通过推动经济的增长促进贫困地区和贫困人口的脱贫。我国扶贫过程中注重提升贫困地区和贫困人口的自我发展能力，实行精准扶贫，不断创新扶贫的方式和手段，提高扶贫资源的利用效率，同时坚持"政府主导、群众主体、社会参与"的扶贫运行机制。这极大地推进了我国脱贫攻坚的进程，对全球的减贫事业做出了巨大的贡献。我国建立了精准扶贫的工作机制，通过对贫困户和贫困村精准识别、精准帮扶、精准管理和精准考核，引导各类扶贫资源优化配置，实现扶贫资源到村到户，逐步构建精准扶贫工作长效机制，为科学扶贫奠定坚实基础。在建立精准识别、精准帮扶、精准管理、精准考核的精准扶贫工作机制过程中，同时强调要注重解决扶贫过程中出现的突出问题。要注重解决村级道路畅通、饮水安全建设、危房改造、特色产业增收、乡村旅游扶贫、教育扶贫、卫生和计划生育改善、文化建设、贫困村的信息化建设等问题。针对这些需要注重解决的问题，我国的扶贫措施主要是从产业扶贫、教育扶贫、健康扶贫、转移就业、易地搬迁扶贫、生态保护扶贫、兜底保障、社会扶贫、提升贫困地区区域发展能力和保障措施等方面进行。我国的精准考核是对贫困户和贫困村、贫困县识别、帮扶、管理的成效以及对其扶贫工作开展的情况进行量化考核，奖优罚劣，以保证各项扶贫政策落到实处的机制。

我国的精准扶贫机制主要是建立和完善贫困县约束和退出机制，明确好贫困人口、贫困户、贫困村、贫困县的退出标准，对地方退出情况进行专项评估检查，对不符合条件或未完整履行退出程序的，责成相关地方进行核查处理等。重点考核党政领导班子、党政领导干部和地方政府扶贫责任落实情况以及扶贫成效，逐步建立以考核结果为导向的激励和问责机制。从我国精准考核的内容可以看出，对我国的精准扶贫的成效考核主要是由上而下进行的。贫困地区的建档立卡户和一般农户是精准扶贫政策下的直接或者间接受益主体，了解他们对精准扶贫政策是否满意将使得我们对精准扶贫政策的效果有更直观的认识。贫困地区的建档立卡户和一般农户主要是通过精准扶贫项目的实施直接或者间接享受精准扶贫政策，所以主要是通过了解建档立卡户和一般农户对精准扶贫项目的满意度来了解他们对精准扶贫政策的满意度。通过在东胜村的实地调研，了解到东胜村的建档立卡户和间接从精准扶贫政策受益的一般农户对精准扶贫政策总体上是较为满意的。同时需要通过实证分析对建档立卡户和一般农户对精准扶贫项目满意度的影响因素进行评价，以了解当地农户对精准扶贫项目满意度的主要影响因素，才能更加精确地了解他们对精准扶贫政策的满意状况，才能有针对性地提出精准扶贫方面的不足和政策建议。

第二节　数据来源与研究方法

一　模型选择

本文构建的实证分析模型如下所示：

$$Y = \alpha + \beta_i X_i + e$$

Y 表示农村居民精准扶贫项目满意度，X 为系统地影响 Y 变化的因素；e 为随机误差项，表示除 X 以外的所有影响 Y 的因素；α 和 β 为参数。其中，X 变量主要包括受访者的性别、年龄、职业、文化程度、家庭规模、家庭人均收入、是否为建档立卡户、家庭人均收入是否增加、基本生活条件是否改善、农业生产条件是否改善、居住环境是否改善、医疗卫生是否改善、就业是否改善、教育是否改善、住房是否改善、民主意识是否增强、本村的扶贫项目是否合理、本村的扶贫项目效果如何等18个指标。东胜村的女性、老年人、务农农户、文化程度较低的农户、家庭人口较少的农户、家庭人均收入较高的农户对精准扶贫项目的满意度较高；建档立卡户由于直接享受了扶贫项目，对精准扶贫项目的满意度要高于非建档立卡户；精准扶贫项目实施后，东胜村被访农户收入的增加、基本生活条件的改善、农业生产条件的改善、环境的改善、医疗卫生的改善、就业的改善、教育的改善、住房的改善、民主意识的增强会使得他们对精准扶贫项目的满意度较高；东胜村被访农户认为本村的扶贫项目是合理的、本村的扶贫项目效果比较好时对精准扶贫项目的满意度会比较高。

二 数据来源

（一）问卷情况

2017年8月对黑龙江省大庆市林甸县东胜村进行调研并做了问卷调查。一共发放了111份问卷，收回了111份问卷，其中有效问卷为96份，有效问卷率为86.49%。

（二）受访者的基本统计特征

从表 4-1 可见，在 96 份有效问卷中，被访农户男性占比为 62.50%，女性占比为 37.50%；45 岁以下农户占比为 18.75%，45~59 岁农户占比为 40.63%，60 岁及以上农户占比为 40.63%，被访农户主要是青壮年劳动力；村干部占比为 2.08%，离退休干部职工占比为 1.04%，教师医生占比为 1.04%，普通农民占比为 95.83%，被访的农户主要工作是务农；文盲占比为 10.42%，小学占比为 51.04%，初中占比为 32.29%，高中占比为 4.17%，中专（职高技校）占比为 1.04%，大专及以上占比为 1.04%，被访农户中文化程度以小学文盲居多，文化水平低；家庭人口为 1 口人的占比为 7.29%，家庭人口为 2 口人的占比为 55.21%，家庭人口为 3 口人的占比为 25.00%，家庭人口为 4 口人的占比为 8.33%，家庭人口为 5 口人的占比为 3.13%，家庭人口为 6 口人的占比为 1.04%，被访农户家庭人口 2~3 人的居多；家庭人均年收入为 2300 元以下的占比为 40.63%，家庭人均年收入为 2300 元~5000 元的占比为 19.79%，家庭人均年收入为 5000 元~8000 元的占比为 18.75%，家庭人均年收入为 8000 元~10000 元的占比为 8.33%，家庭人均年收入为 1 万元以上的占比为 12.50%，家庭人均年收入在 5000 元以下的居多，家庭人均年收入低。

表4-1 东胜村受访者的基本统计特征

项目	属性	N	边际百分比（%）
性别	男	60	62.50
	女	36	37.50
年龄	45 岁以下（青年）	18	18.75
	45~59 岁（中年）	39	40.63
	60 岁及以上（老年）	39	40.63
职业	村干部	2	2.08
	离退休干部职工	1	1.04
	教师医生	1	1.04
	普通农民	92	95.83
文化程度	文盲	10	10.42
	小学	49	51.04
	初中	31	32.29
	高中	4	4.17
	中专（职高技校）	1	1.04
	大专及以上	1	1.04
家庭规模	1 口人	7	7.29
	2 口人	53	55.21
	3 口人	24	25.00
	4 口人	8	8.33
	5 口人	3	3.13
	6 口人	1	1.04
家庭人均收入	2300 元以下	39	40.63
	2300 元~5000 元	19	19.79
	5000 元~8000 元	18	18.75
	8000 元~10000 元	8	8.33
	10000 元以上	12	12.50
	有效	96	100.0
	缺失	0	
	合计	96	

三 变量设置

（一）变量定义

在表 4-2 中对变量进行了设置。因变量设置为农村居民对精准扶贫项目的满意度（Y）。自变量设置为 18 个指标。其中受访者年龄（X_2），受访者职业（X_3），受访者文化程度（X_4），受访者家庭规模（X_5），受访者家庭人均收入（X_6），设定为连续变量；农村居民对精准扶贫项目的满意度（Y）、本村的扶贫项目是否合理（X_{17}）和本村的扶贫项目效果如何（X_{18}）这三个指标设定为多分类变量；受访者性别（X_1），是否为建档立卡户（X_7），家庭收入是否增加（X_8），基本生活条件是否改善（X_9），农业生产条件是否改善（X_{10}），居住环境是否改善（X_{11}），医疗卫生是否改善（X_{12}），就业是否改善（X_{13}），教育是否改善（X_{14}），住房是否改善（X_{15}），民主意识是否增强（X_{16}）这些指标设定为二分类变量。

表 4-2 变量定义

因变量	赋值
农村居民对精准扶贫项目的满意度（Y）	非常满意 =5；比较满意 =4；一般 =3；不太满意 =2；很不满意 =1
自变量	赋值
性别（X_1）	受访者性别，女性 =1；男性 =0
年龄（X_2）	受访者年龄
职业（X_3）	受访者职业
文化程度（X_4）	受访者文化程度

因变量	赋值
家庭规模（X_5）	受访者家庭规模
家庭人均收入（X_6）	受访者家庭人均收入
是否为建档立卡户（X_7）	否 =0；是 =1
家庭收入是否增加（X_8）	否 =0；是 =1
基本生活条件是否改善（X_9）	否 =0；是 =1
农业生产条件是否改善（X_{10}）	否 =0；是 =1
居住环境是否改善（X_{11}）	否 =0；是 =1
医疗卫生是否改善（X_{12}）	否 =0；是 =1
就业是否改善（X_{13}）	否 =0；是 =1
教育是否改善（X_{14}）	否 =0；是 =1
住房是否改善（X_{15}）	否 =0；是 =1
民主意识是否增强（X_{16}）	否 =0；是 =1
本村的扶贫项目是否合理（X_{17}）	很不合理 =1；不太合理 =2；一般 =3；比较合理 =4；非常合理 =5
本村的扶贫项目效果如何（X_{18}）	很不好 =1；不太好 =2；一般 =3；比较好 =4；非常好 =5

受访者性别、受访者年龄、受访者职业、受访者文化程度、受访者家庭规模、受访者家庭人均收入这六个变量可以直接从问卷中获得。是否为建档立卡户也可以从问卷中直接获取。家庭人均收入是否增加，是从问卷中的"你觉得你们家 2016 年收入怎么样"和"你对你家的家庭收入满意吗"两个指标来判断的；农户如果觉得他们家 2016年收入一般、较低或者非常低，并且对其家庭收入的满意状况为一般、不太满意或者很不满意时，可以判断其家庭收入并未增加；农户如果觉得他们家 2016 年收入一般、较高或者非常高，并且对其家庭收入的满意状况为比较满意或者非常满意时，可判断其家庭收入得到增加。基本生

活条件是否改善指标是从问卷中的住房状况、离最近硬化公路的距离、是否存在饮水困难三个方面进行评价；只要同时满足住房状况一般或者良好、离最近硬化公路的距离小于100米、不存在饮水困难这三个方面就说明基本生活条件得到改善。

农业生产条件是否改善主要从农业补贴状况、农业耕作机械拥有情况、2016年农户家是否因自然灾害发生财产损失三个方面评价，同时满足收到了农业补贴款、拥有农业耕作机械、2016年农户家里没有因自然灾害发生财产损失中的任意两个方面就说明农户的农业生产条件得到改善。居住环境是否改善是从问卷上"对你家周围的居住环境是否满意"和"你家周围有没有水污染、空气污染、噪声污染、土壤污染、垃圾污染"来评价的；如果农户对其家周围的居住环境感到一般、比较满意或者非常满意，并且其家周围没有水污染、空气污染、噪声污染、土壤污染、垃圾污染中的任何一种污染时，就说明居住环境得到改善。医疗卫生是否得到改善是从2016年是否参加体检、医疗费是否得到报销、是否有新农合医保来评价的；同时满足农户2016年参加了体检、医疗费得到了报销并且参保了新农合，就说明医疗卫生得到改善。用是否进行了就业培训和是否发展产业实现就业来评价就业情况是否得到改善；如果农户家庭成员接受了就业培训或者发展了产业实现了就业，就说明就业状况得到改善。教育是否改善是通过问卷上的上学学校类型、对学校条件的评价、去年是否收到了教育补助三个指标来评价；如果学校类型是公办学校、认为学校条件非常好或者比较好并且去年收到了教育补助时，就说明教育得到改善，但是有些被访问农户家庭无正在接受教育的成员，故按照一定比例推算这部分家庭的教育情况是否得到改善。

住房改善是用农户家拥有的住房数量和对其当前住房的满意度评价、是否享受易地搬迁政策进行说明的。如果农户家中有两处住房或者对当前住房比较满意或者非常满意或者享受了异地搬迁政策时可以说明住房得到改善。用问卷上"你或者家人是否参加了最近一次村委会投票""你或者家人是否参加了最近一次乡镇人大代表投票"这两个指标评价民主意识是否增强；如果农户家有人参加了最近一次的村委会投票或者农户家有人参加了最近一次乡镇人大代表投票说明民主意识增强。本村的扶贫项目是否合理和本村的扶贫项目效果如何两个指标直接可以从问卷中获取。农村居民对精准扶贫项目的满意度是根据"本村的扶贫项目是否合理"和"本村的扶贫项目效果如何"这两个指标设定的，当这两个指标评价程度相同时，农村居民对精准扶贫项目的满意程度也同它们相同；当这两个指标的评价程度一个高一个低时，农村居民对精准扶贫项目的满意程度同低的指标。比如，一农户对本村的扶贫项目感到非常满意，并认为本村的扶贫项目效果非常好，则设定为该农户对精准扶贫的满意度为非常满意；若一农户对本村的扶贫项目感到非常满意，并认为本村的扶贫项目效果比较好，则设定为该农户对精准扶贫的满意度为比较满意。

（二）变量特征描述

表 4-3 是对变量的描述性统计。通过对设置的变量的描述性统计分析可知，有效的统计样本量为 96。满意度（Y）平均值约为 4，东胜村农户对本村的精准扶贫项目感到比较满意；性别（X_1）的均值约为 0，被访农户中男性多于女性；年龄（X_2）的均值约为 56，被访农户中中年人偏多；职业（X_3）的均值约为 4，被访农户文化程度（X_4）的均值约为 2，被访农户中的平均文化程度为小学程度，文化水平较低；家庭规模（X_5）的均值约为 2，被访农户的家庭人口平均约为 2 人，家庭人口较少，家庭负担较轻；被访农户家庭人均收入（X_6）的平均值约为 4894 元，高于当地的贫困标准；是否为建档立卡户（X_7）的均值约为 0，被访问户中非建档户多于建档立卡户；家庭收入是否增加（X_8）的均值为 0，被访问农户的收入未得到有效改善；基本生活条件是否改善（X_9）的均值约为 0，被访农户的家庭基本生活条件未得到有效改善；农业生产条件是否改善（X_{10}）的均值约为 1，被访农户的农业生产条件得到有效改善；居住环境是否改善（X_{11}）的均值约为 1，被访农户的居住环境得到有效改善；医疗卫生是否改善（X_{12}）的均值约为 0，被访农户的医疗卫生状况未得到有效改善；就业是否改善（X_{13}）的均值约为 0，被访农户的就业状况未得到有效改善；教育是否改善（X_{14}）的均值约为 0，被访农户的家庭教育状况未得到有效的改善；住房是否改

善（X_{15}）的均值约为0，被访农户的住房状况未得到有效改善；民主意识是否增强（X_{16}）的均值约为0，被访农户的民主意识未有效提高；本村的扶贫项目是否合理（X_{17}）的均值约为4，东胜村被访农户认为该村的精准扶贫项目是比较合理的；本村的扶贫项目效果如何（X_{18}）的均值约为4，东胜村被访农户认为该村的精准扶贫项目的效果比较好。

表4-3　变量的描述性统计

Variable	Obs	Mean	Std. Dev.	Min	Max
Y	96	4.239583	0.7913319	1	5
X_1	96	0.375	0.4866643	0	1
X_2	96	55.8125	11.04661	29	76
X_3	96	3.90625	0.4829324	1	4
X_4	96	2.375	0.8491482	1	6
X_5	96	2.479167	0.9400914	1	6
X_6	96	4894.448	7078.49	−15612	33244
X_7	96	0.4479167	0.4998903	0	1
X_8	96	0.0625	0.2433321	0	1
X_9	96	0.5729167	0.4972512	0	1
X_{10}	96	0.8333333	0.3746343	0	1
X_{11}	96	0.9791667	0.1435759	0	1
X_{12}	96	0.4583333	0.5008764	0	1
X_{13}	96	0.0729167	0.2613645	0	1
X_{14}	96	0.5416667	0.5008764	0	1
X_{15}	96	0.0520833	0.2233615	0	1
X_{16}	96	0.25	0.4352858	0	1
X_{17}	96	4.447917	0.5595071	3	5
X_{18}	96	4.208333	0.8197133	1	5

标准差（SD）是衡量样本值与样本均值离散程度的指标。标准差较大时，样本值与样本均值的离散程度较大，数据越离散；标准差较小时，样本值与样本均值的离散程度较小，数据越集聚。由表4-3可知，被访农户的收入指标标准差较大，收入数据离散程度较大；年龄指标的标准差要大于除收入以外的其他指标，年龄指标的数据也是比较离散的；除收入和年龄以外的其他指标的标准差都比较小，这些指标的数据比较集聚。

第三节　结果分析

拟合优度 R^2 是 Y 的变化中可由回归模型中的 X 解释的比例。R^2 越接近1，Y 的变化中可由回归模型中的 X 解释的部分越多。$R^2=0.88$，被访农户对精准扶贫项目满意度的88%由上面设定的回归模型来解释，模型使用 $X_1 \sim X_{18}$ 这18个变量作为解释变量。

估计量的方差用来衡量估计量的精确度，即衡量通过回归得到的系数估计值是否更接近真实的系数参数值。样本估计量的方差越小，该估计量的样本精度越高。如果一个样本的估计量的方差比另一个样本的估计量的方差要小，则该样本下的估计量更加精确。标准误差（SE）是估计量的方差的平方根。从表4-4

可见，X_1~X_{18} 和截距的参数估计值的标准误差较低，选择的样本精度较高。

表4-4　回归结果

Source	ss	df	MS		Number of obs=96
Model	52.5873789	18	2.92152105		F（18, 77）=32.59 Prob.>F=0.0000
Residual	6.90220444	77	0.089639019		R-squared=0.8840 Adj. R-squared=0.8569
Total	59.4895833	95	0.62620614		Root MSE=0.2994

Y	Coef.	Std. Err.	t	P>|t|	[95% Conf. Interval]	
X_1	−0.0524948	0.073595	−0.71	0.478	−0.199041	0.0940515
X_2	0.0013977	0.0045558	0.31	0.760	−0.0076741	0.0104695
X_3	0.2747741	0.0738588	3.72	0.000	0.1277024	0.4218458
X_4	−0.041555	0.0500126	−0.83	0.409	−0.1411429	·0.0580329
X_5	−0.0050157	0.0452317	−0.11	0.912	−0.0950835	0.0850521
X_6	5.59e−06	5.13e−06	1.09	0.280	−4.63e−06	0.0000158
X_7	0.0449136	0.0814632	0.55	0.583	−0.1173004	0.2071276
X_8	−0.1357127	0.1412214	−0.96	0.340	−0.4169204	0.1454951
X_9	0.0059356	0.0752033	0.08	0.937	−0.1438134	0.1556846
X_{10}	0.036771	0.0920573	0.40	0.691	−0.1465384	0.2200805
X_{11}	−0.8214387	0.2537175	−3.24	0.002	−1.326655	−0.3162226
X_{12}	−0.0065963	0.0727858	−0.09	0.928	−0.1515315	0.1383388
X_{13}	−0.0506324	0.1433072	−0.35	0.725	−0.3359935	0.2347286
X_{14}	0.0591644	0.0660084	0.90	0.373	−0.072275	0.1906038
X_{15}	−0.085359	0.144943	−0.59	0.558	−0.3739774	0.2032595
X_{16}	0.074615	0.0809305	0.92	0.359	−0.0865382	0.2357681
X_{17}	0.1913733	0.0757644	2.53	0.014	0.0405071	0.3422396
X_{18}	0.7926094	0.0516233	15.35	0.000	0.6898143	0.8954046
_cons	−0.2759704	0.639245	−0.43	0.667	−1.54887	0.9969291

估计结果解释：一是被访农户的职业显著影响他们对精准扶贫项目的满意度。家庭从事农业生产的被访农户是扶贫

项目的直接或者间接受益者，他们对精准扶贫项目的满意度较高，被访的农户中大部分又从事农业生产，所以被访农户的职业对精准扶贫项目的满意度影响较大。二是居住环境是否改善显著影响东胜村被访农户对精准扶贫项目的满意度。居住环境较差是东胜村被访贫困户主要致贫因素之一。由于大部分被访农户之前居住在年久的泥草房中，家庭院落散养着鸡鸭等家禽，居住环境整体较差。居住环境的改善显著影响他们对精准扶贫项目的满意度的评价。三是东胜村被访农户对本村的扶贫项目是否合理的评价和对本村的扶贫项目效果的评价显著影响他们对精准扶贫项目的满意度。被访农户对本村的精准扶贫项目是否合理的评价和对本村的扶贫项目效果的评价是在直接或者间接享受各种精准扶贫项目之后的综合评价，这显著影响他们对精准扶贫项目的满意度。

第四节　结论与政策建议

一　研究结论

通过对东胜村被访农户对本村的精准扶贫项目满意度影响因素分析可知，被访农户的职业、居住环境的改善、东胜村被访农户对本村的扶贫项目是否合理的评价和对本村的扶贫项目效果的评价显著影响他们对精准扶贫项目的满意度。精准扶贫项目精准地惠及务农的贫困家庭，改善农户的居住环境，开发合理的精准扶贫项目和提高精准扶贫项目的效果会提升农户对精准扶贫的满意度。

由上面的分析还可以知道东胜村农村居民的农业生产条件、居住环境得到有效的改善，但是收入、医疗、就业、教育、住房、民主意识等方面未得到有效改善。这些因素可能会影响农户对本村的扶贫项目是否合理的评价和对本村的扶贫项目效果的评价，进而影响东胜村农户对精准扶贫项目的满意度。未得到改善的方面如下所示。

（一）收入方面

在做问卷调查过程中了解到，被访农户大部分认为自己家庭收入较低，家里没有存款，只有贷款或者借款。其实这种现象不仅仅出现在黑龙江省大庆市林甸县四合乡东胜村，在云南祥云县大仓村、贵州大方县店子村、河北邯郸县大名县双台村的被访村民同样认为自己家庭收入较低，家里并没有什么存款，只有贷款或者借款。在访问的过程中和从问卷的其他内容来看，这些调研点的精准扶贫项目直接或者间接增加了贫困户或者一般农户的收入。但是，首先我们在做收入调查时，并未将精准扶贫项目受益收入和非项目受益收入进行区分；其次，在未区分是否为项目收入前提下，农户会从自家收入减去支出剩余的角度来回答收入是否改善的问题，认为跟以前比，有存款了就是收入改善了。显然，如果当年收入增加的幅度小于支出的幅度，也不能说收入未增加，也不能说精准扶贫项目未带来收入的增加。如东胜村 2013 年 12 月成立了水稻种植农民专业合作社（见图 4-1），合作社现在吸纳了 102 户村民入社，其中，贫困户 49 户。水稻种植面积已发展到 6000 亩，带动 49 户贫困户 130 人脱贫致富，人均增收 4800 元。但在做问卷调查时，大部分贫困户和一般农户均认为自家收入未得到改善。

图 4-1　农户家的拖拉机

（刘志拍摄，2017 年 8 月）

（二）医疗方面

在 96 份有效问卷中，有 69 户问卷家庭成员是有疾病的，占比为 72%。其中占比例比较高的疾病主要是脑梗、冠心病、高血压和残疾。东胜村残疾人有 83 人，主要是肢体、视力、精神、听力、言语、智力残疾；东胜村的患病农户治疗方式主要是自行买药、门诊治疗和住院。东胜村新农合参合户数占东胜村总户数的82%，贫困户参保占比为33%，参合总人数占东胜村总人数的比重为84%。通过入户调查可知，对于办理新农合的农户吃药、治疗和住院的钱能报销的部分均给予了报销。如其中一户农户看病花费10万元，其中报销了8万元，自费花了2万元，大大减轻了农户的医疗方面的负担。东胜村一些人未办理新农合的原因是多样的。比如，有一农户的妻子的户口未迁移到本村、身份证在娘家，虽已经在本村安家，属于本地的常住人口，但仍无法办理新农合医疗保险。还有的农户家里没人，外出打工，村里联系不上该农户，未交合作医疗费用等。东胜村对本村的残疾人的帮助主要体现在给予他们生活补贴（津贴），同时对需要护理的残疾人给予护理补贴（津贴）。东胜村在医疗保障方面的做法和其他调研点有类似的情况，即在医保措施方面缺乏创新。在预防疾病的宣传、做好日常的身体检查工作方面做得不足。村里的健身基础设施不多，农户认为干活就等于锻炼身体了，缺乏日常的身体锻炼意识。

（三）就业方面

截至2016年底，东胜村共804户，2750人，总劳动力数为1312人，其中1225人从事农业，本地区内转移就业28人，省内输出劳动力28人，省外输出劳动力31人。本地区内转移就业劳动力主要在大庆市、林甸县工作，主要是力工，也有从事电焊、汽修、美发工作的；省内输出劳动力主要在哈尔滨、齐齐哈尔、孙吴县工作，主要是力工，也有从事计算机、设计工作的劳动力；省外输出劳动力主要在北京、吉林、山东工作，均是力工；东胜村从 2009 年至 2016 年累计培训了 22 位劳动力，培训的项目主要有电焊、汽修、木工、厨师、瓦工、计算机、美发、设计，就业去向为哈尔滨市、大庆市、林甸县。同时，被访农户大多数来自务农劳动力家庭，故在问卷上就体现出在精准扶贫项目实施后，东胜村劳动力转移就业状况未有较大的改善。事实上东胜村在劳动力就业培训方面做了较大的努力。然而，东胜村和被调研的其他地方在劳动力就业方面仍存在类似的现象，如务农劳动力比重较大，占总劳动力的比重为 93.37%。东胜村地广人稀，总耕地面积为 3.01 万亩，户均耕地 36.6 亩，机械水平低，繁重的农活使得大多数劳动力被限制在农业生产中。因此，东胜村从事农业的劳动力有自己独特的特点，即青壮劳动力数量相对其他调研点多些。

（四）住房方面

2014~2016 年，东胜村有 81 户共享受国家、省、市农村危房改造补助资金 101.2 万元，户均 1.25 万元。2014 年改造 10 户，2015 年改造 17 户，2016 年改造 54 户；危房改造的类型有五种，分别为翻建、改造、购买村内旧砖房、进城镇购买楼房、搬进幸福大院。其中翻建竣工的有 15 户，改造竣工的有 11 户，村内购置转房的有 4 户，进城购楼的有 1 户，搬进幸福大院的有 25 户。从问卷中的一些指标来看，在实施精准扶贫政策之后，被访农户的住房状况未得到较大改善，这主要是由于东胜村的土房居住户数过多

（见图4-2）。在东胜村的村子里，随处可见农户居住的土房。一方面是有的农户家里有两处住房，一处土房，一处砖瓦房，但是仍住在土房里，因为土房冬暖夏凉，住着习惯；另一方面，东胜村里建设了幸福大院，危房无房户集中安置到幸福大院里，有些危房农户不愿意搬进幸福大院。调研人员参观了东胜村的易地搬迁集中安置点幸福大院，有许多搬迁户已经搬入。在东胜村调研过程中了解到，在东胜村易地搬迁、危房改造项目实施后，依然有大部分一般农户住着土房，泥土院子里散养着鸡鸭鹅，农户家院子里遍地是鸡鸭鹅粪便，这可能是受生活习惯的影响。看着他们的生活景象，如东部城市一些小县城里至少10多年前的农村生活景象，这些类似的地区应该值得关注和加以帮助。

图4-2　农户住房

（刘志拍摄，2017年8月）

（五）民主意识方面

东胜村党总支共有党员76名，平均年龄42.5岁，村两委班子共有成员8人，平均年龄44岁。对东胜村民主意识是否改善方面只能用问卷上"你或者家人是否参加了最近一次村委会投票""你或者家人是否参加了最近一次乡镇人大代表投票"这两个指标来评价。如果调研的时间在最近一次村委会、最近一次乡镇人大代表投票前，结果是民主意识方面得到有效改善；在之后时，则表明民主意识方面未得到有效改善。调查的结果会受调研时间因素的影响而变动。对东胜村的民主意识是否改善的评价，主要应从民主参与、民主选举与民主决策等角度来判断。在调研过程中了解到，农村居民由于其自身的局限性，民主参与、民主选举与民主决策存在一定的困难。在其他的调研点也存在类似的情况，农村居民参与民主活动的人员安排比较合理，但是这些参与人员的民主参与活动比较被动。农村居民由于比较关心自家的安居乐业，给自身的定位是老百姓，行使当家作主的权利的意识并不高；农村居民的文化程度低，对政策的解读能力较弱，有些时候村委会讲解了政策，他们也未必真正明白政策的内涵，也较少有人员会询问，不管理解不理解政策，开完会或者投了票就走了，参与民主活动的积极性不高，行使民主权利的意识不高。

二 政策建议

（一）收入方面

农户当年的支出可能大于收入，所以"存钱多了收入才算改善"这种观点并不能作为衡量精准扶贫项目的实施效果。但是从另一个侧面来讲，精准扶贫的项目效果除了由上而下的数据考核来评价，还要看农户的满意度，农户从"存钱多"的角度，从深层面看是收入增加的幅度大于支出增加的幅度的角度，是对收入大幅增加的需求。这就要求东胜村利用当地的人均耕地面积大、便于规模化经营的特点开发更多可以增加村民收入的精准扶贫项目，实现商品化、规模化、机械化生产。同时，要增强农户日常收支的核算意识，做好支出的预算，做好从哪些方面增收的计划，使得收入在增加的同时，收入的幅度大于支出的幅度。

（二）医疗方面

针对东胜村医疗保障出现的问题，首先，东胜村应该提高新农合参保的比例，注重解决由于多种因素本村常住居民新农合无法参保问题，努力实现新农合参保的全覆盖。其次，东胜村应在医保措施方面进行创新。加强新农合精细化管理，加快新农合信息化建设。做好大病保险与新农合大病保障工作的衔接，优先将大病纳入保险范围。推进新农合支付方式改革，扩大医疗保险医药的范围，注重解决农户看病不能报销的那部分医疗费，或者村里构建医疗方面的公积金，专门解决农户医药费无法报销的问题，进一步减轻农户的看病负担。加强东胜村村民健身器材等基础设施建设，提高农户锻炼身体的意识，做好体检工作。

（三）就业方面

东胜村地广人稀，人均占有耕地面积大，机械化水平低，繁重的农业生产将许多的劳动力甚至是年轻劳动力限制在农业生产上。东胜村应该注重开发使本村劳动力从繁重的农业生产上解脱出来的精准扶贫项目。提高机械化水平，可以几家几户共同出资购买农业器械，轮流使用，也可以成立农机合作社，解决东胜村农业生产的劳动力高投入、产出低效问题，使得劳动力向低投入高回报的工作转移。此外，要加强年轻劳动力的培训，增强他们向高回报工作转移的可能性。还要加强宣传，改变年轻劳动力宁愿在家赋闲打麻将也不愿外出找工作的状态。

（四）住房方面

东胜村的易地搬迁跟生态脆弱区的易地搬迁不同，该地的易地搬迁不是因为当地生态脆弱，而是由于居住在土房里，房屋本身会给农户带来安全隐患。针对东胜村农户喜欢住土房的习惯，宁愿住土房也不愿意搬迁到集中安置点幸福大院的情况，要做好这些农户的思想工作。告诉他们住土房的潜在危险，同时要改变一些农户传统的守老宅的思想观念，告诉他们应该注重当下的安全和现世的生活。此外，要改变东胜村大部分村民住土房的状态，加大融资力度，提供易地搬迁和危房改造的资金支持，要努力改变非贫困户等一般农户的居住环境，并进行入户宣传，对鸡鸭鹅进行圈养，改善农户院内的环境。

（五）民主意识方面

在提高东胜村农户的民主意识上，一方面要增加东胜村农户的民主实践活动，拓宽民主参与的渠道。如对是否成立农民合作社的决议采取民主投票的方式决定，将民主参与的方式渗透到农户生活的各方面，增强他们对行使自身权利的观念，提高他们的民主意识。二是加大民主活动参与的宣传力度，特别是加大对贫困农户参与民主活动的动员，增强农户的民主参与意识。三是设置专门的政策解读人员，用通俗的语言使得农户对关于他们自身的一些政策有深入的了解，进而提高他们参与的积极性。

第五章

东胜村精准扶贫机制优化与创新

第一节　扶贫的主体及脱贫对象

一　扶贫主体

（一）政府

东胜村的扶贫主体主要是林甸县各级政府及其各部门，负责扶贫政策和扶贫项目具体实施的是基层自治组织村委会。形成了处级领导带头帮，县直单位重点帮，中省直单位主动帮，民营企业联合帮，驻村工作队定点帮，党员干部全面帮的帮扶机制。在强化精准识别和精准施策方面，林甸县脱贫攻坚指挥部、四合乡政府对东胜村农村人口逐户核查，以确保真正贫困的农户被纳入被帮扶对象，非真正贫困的农户从被帮扶对象中清除。同时，林甸县政府通过对东胜村实施的养殖、旱改水、棚室种植、特色杂粮杂豆种植、转移就业、大病救助、纳入低保等具体扶贫方式进行考核来落实精准扶贫措施。在全力实施产业扶贫方面，林甸县工信局主要负责招商引资，为东胜村及其他贫困村积极争取引进一批绿色食品加工企业，带动贫困劳动力就业，提高他们的收入。林甸县农业部门对东胜村实施了"旱改水"工程，使得一些贫困户实现了由旱稻向水稻的转变，增加了他们的收入。林甸县农业局、农机总站、供销联社、四合乡政府注重扶持东胜村种养大户、家庭农场、专业合作社等新型经营主体，并加大培育力度，吸纳贫困户带地入社、流转土地、务工等，从而带动他们脱贫。扶持东胜村组建现代农机合作社，把不会生产、不懂经营的贫困户组织起来发展生产，使得他们可以稳定增加收入。林甸县各级政府同时加强领导，落实责任，强化督查，严格考核，致力于东胜村和其他贫困村的脱贫攻坚。

（二）其他帮扶主体

东胜村的其他帮扶主体主要包括非政府组织和企业。政府在扶贫工作中容易出现扶贫精准度低、扶贫资金不足、扶贫效率较低等问题，而非政府组织因其自身扶贫精准性强、效率高和公益性强等特点成为除政府之外的重要的帮扶主体。首先，非政府组织成员来自社会各界，比较贴近基层，具有信息上的优势，能够协助政府精准识别真正的贫困人口。其次，非政府组织具有先进的管理理念，能够提高扶贫资源的管理效率和对资源进行优化配置。除此之外，非政府组织具有非营利性目的，扶贫资源就是专门用来无偿帮助贫困地区和贫困户的，不易出现贪污腐败现象。对东胜村进行帮扶的非政府组织包括不以营利为目的协会、社团、基金会、慈善信托、非营利公司或其他法人等组织。林甸县非政府组织在东胜村及其他村开展了多种多样的扶贫活动，如"希望工程""光彩事业""文化扶贫"等。除了非政府组织，企业也积极参与东胜村和其他贫困村的脱贫攻坚工作。一些企业在认真调研摸清东胜村情况的基础上，结合企业实际，制定了切实可行、行之有效的结对帮扶措施，为林甸县打赢脱贫攻坚做出了较大的贡献。

（三）贫困户自身

当前的贫困人口中，有很大一部分人年年享受国家的扶贫政策，但是仍然年年贫困，这部分人脱贫的精神动力严重不足。精神动力的问题也是智力和志气的问题，扶贫要扶志和扶智，然而智力和志气的提高和改善更多的需要贫困人口自身的努力。和大多数贫困村一样，东胜村也存在有些贫困户脱贫的精神动力不足的问题。这类贫困户的特点是，房屋、基本生产生活条件等都满足被帮扶标准，而本身或者家庭成员具有劳动能力，只是不从事农业生产活动和其他生产经营活动，宁愿赋闲在家串门打麻将，也不愿通过自己的劳动实现脱贫致富。这部分人通常认为国家的帮扶资金跟自己干活的收入差不多，何必去干活呢！这部分人文化水平较低，勤劳致富的观念难以在他们脑海构建。然而，无论这类群体是如何的精神动力不足，也不能逃避他们自身作为脱贫主体的责任。东胜村一些精神动力不足的贫困户，经过村委会成员的耐心教导、帮助，有些转变了观念，通过技能培训实现了就业，实现了脱贫致富。贫困户只有依靠自身的力量才能从根本上实现脱贫，政府和其他社会组织的帮助只能是外部供给，外部供给一旦被切断，贫困户会再次陷入贫困之中，如此反复，贫困户容易陷入贫困的漩涡里难以走出。只有依靠贫困户自身的力量，培养立于世的技能才能从根本上改变自身贫困的状态。

二 脱贫主体

东胜村对本村贫困户的识别主要是按照黑龙江省精准识别、精准退出实施方案进行的。贫困户年人均纯收入稳定达到脱贫标准，自家购买力水平达到不愁吃、不愁穿，并实现安全饮水；贫困户家庭没有九年义务教育阶段因贫辍学的学生；参加城乡居民基本医疗保险，大病得到救助，经鉴定不属于危房的农户；即按照"两不愁""三保障"的标准识别贫困户。东胜村现阶段的脱贫主体包括低保户、五保户和一般贫困户。

（一）一般贫困户

一般贫困户是家庭年人均纯收入低于国家农村扶贫标准，有劳动能力的农户。东胜村一般贫困户包括家庭有青壮劳动力，但是由于缺乏资金、技术、文化水平低、发展致富的门路或者自身发展动力不足，家庭年人均收入低于国家贫困标准的群体。东胜村的一般贫困户最主要的致贫原因是生病、残疾、缺资金。其他致贫原因有上学、缺劳力、灾害、缺资金、缺技术、自身发展动力不足等。这些贫困户的收入未达到国家农村扶贫标准，并且有一定的劳动能力，贫困的程度相对于五保户和低保户没那么深，但是与一般的农户比，生活条件仍有一定差距，需要被帮扶。一般贫困户相对于低保户和五保户，是有一定的发展能力或者发展资源的，但仍然不能满足经济社会发展的最低要求。将这部分人群纳入被帮扶的对象，有利于形成一股助推力量，帮助他们增强自身的发展能力，实现自身资源的有效发挥，并提供他们需要的额外资源，帮助他们脱贫致富。

（二）低保户

东胜村的低保户是按照"凡共同生活的家庭成员年人均纯收入低于户籍所在地农村最低生活保障标准、持有本地居民常住户口的农村居民均属保障范围"的标准确定的。东胜村的低保户中有无劳动能力、无生活来源、子女只能在一定程度上给予照顾的年龄在 60 岁以上的老年人和残疾程度相对较低，不需要看护的残疾人等群体。东胜村的低保户最主要的致贫原因是生病、残疾、缺劳力。其他致贫原因有缺技术、自身发展动力不足等。这些贫困户收入未达到国家农村扶贫标准，贫困的程度比五保户低但比一般贫困户深。但是与一般的农户比，生活条件有一定差距，需要被帮扶。低保户生活条件艰苦，社会资源少，财产、人力和物质资本缺乏，家庭禀赋不足。东胜村将低保户纳入被扶持对象之中，着力改变这部分人群的生存生活状况、财产状况、提高他们的家庭禀赋，保障他们共享经济社会发展的成果，对低保户本身的脱贫致富和东胜村的摘掉贫困村的帽子具有重要的意义。

（三）五保户

东胜村按照"无劳动能力、无生活来源、无法定赡养扶养义务人或虽有法定赡养扶养义务人，但无赡养扶养能力的老年人、残疾人和未满16岁的未成年人"的要求确定五保户并对他们进行帮扶的。东胜村从"保吃"、"保穿"、"保医"、"保住"、"保葬"（孤儿为保教）等方面对五保户进行帮扶。东胜村的五保户中有年龄超过60岁，无劳动能力，无子女或者子女无力承担赡养义务的老人，年龄在16周岁以下的孤儿，患有精神病等生活不能自理的群体。东胜村的五保户最主要的致贫原因是生病、残疾、缺劳力。其他致贫原因有缺劳力、缺资金、缺技术、自身发展动力不足等。这些贫困户收入未达到国家农村扶贫标准，并且一般无劳动能力，贫困的程度要比低保户和一般贫困户深。与一般的农户比，生活条件的差距也比较大，这些五保户需要被重点帮扶。五保户在吃、穿、住、医、丧（养）方面难以得到保障。东胜村将这些人群纳入被扶持对象，可以使得他们基本的生存生活的权利得到保障，使得他们有尊严的生活。这同时也符合在发展过程中坚持以人为本的要求。

第二节　东胜村脱贫模式优化

东胜村在开展精准扶贫、精准脱贫工作中，应注重学习借鉴、典型引路，积极探索实践，创新体制机制，为全县脱贫攻坚工作的开展提供可复制、可推广的样板，较好地发挥示范带动作用。

一　实施东胜村扶贫综合开发项目，打造生态宜居新农村

四合乡东胜村是林甸县 17 个重点推进的贫困村之一。东胜村气候湿润、空气清新，环境优美，是十分适合打造生态宜居新农村的地方。脱贫攻坚工作开展以来，省委、省政府安排相关部门挂钩帮扶东胜村，东胜村应该紧紧抓住这一难得的机遇，通过实施东胜村扶贫综合开发项目，努力实现把东胜村建设成为生态宜居新农村的目标。要想实现这一目标，要通过多方协调和争取，科学编制村

庄发展规划，以扶贫综合开发项目为引领，全面实施道路硬化、饮水安全、人居改善和产业发展。加大环村公路硬化、村间巷道硬化、综合活动广场、村级活动场所的投资与建设力度。通过实施农宅统规集中建房和农村危房改造项目解决贫困群众安全稳固住房问题。建设农宅统规集中安置点，解决建档立卡贫困户安全稳固住房。铺设人畜饮水管网，铺设灌溉输水管网，修建水池，保证人畜饮水安全和农业生产用水供给。围绕群众增收致富，东胜村应成立由村党总支直接管理的农民专业合作社，结合整乡整村推进项目，带动特色农产品种植，实现建档立卡贫困户户户有增收产业和项目的目标。同时，东胜村应注重生态环境治理与保护，改变东胜村坑坑洼洼的路面不平的状况，对村里的垃圾做到日产日清。通过扶贫综合开发项目的实施，要使村庄变得干净整洁，使得天蓝、水清、草绿。同时要完善东胜村公共服务设施，提升该村生活服务功能，使之成为名副其实的美丽宜居新农村。

二 政企合力帮扶，东胜村要依靠特色产业拓宽增收路子

四合乡东胜村地广人稀，人均耕地占有量高，主要种植玉米、水稻、杂豆、大豆等农作物。由于东胜村地处平原、土地肥沃、地广人稀、青壮年劳动力丰富，该村适合特色产业规模化种植。但由于东胜村的产业基础薄弱，村民的发展观念落后，东胜村还未建立起立足于当地资源禀赋的特色产业。东胜村村民主要以玉米种植为主，种植的

农作物没有经济优势，收入较低。农户也不知如何引进特色产业，同时由于发展具有经济优势的特色产业的种植成本较高，即使有增收致富的好产业，发展也会受到制约。东胜村要想通过发展特色产业实现贫困户的脱贫致富，需要政府的引导和企业的帮扶。针对存在的困难和问题，挂钩帮扶的单位和部门应找准"穴位"，精准"把脉"，引进适合东胜村发展的特色产业。需要通过多方协调，做好东胜村特色产业发展融资工作。同时要搭建平台，构建企业与东胜村、贫困户之间的沟通渠道，借助农业龙头企业建基地，带动当地贫困户发展特色产业。东胜村还需要根据脱贫攻坚工作的需要，成立村级扶贫互助社，注入财政扶贫资金，为东胜村的产业发展提供资金支持。村两委应设立精准扶贫产业发展基金，走"支部＋协会＋基地＋农户"的路子，把基金无偿滚动借给贫困户作为其特色种植成本，解决制约东胜村产业发展的瓶颈。政府和企业需要帮助东胜村引入、培育特色优势产业，如开展果蔬、中药材种植加工、畜禽养殖等产业。同时政府要加大特色产业种养补贴，使得东胜村的自然禀赋可以得到充分利用来增加贫困户的收入，实现贫困户的脱贫致富。

三 成立农业专业合作社，让贫困户实现入社增收

林甸县忠信水稻种植农民专业合作社成立于 2013 年 12 月，注册资金 1000 万元，合作社共有大中型水稻种植专用农机设备 158 台（套），法人为林甸县四合东胜村书

记于忠信。近年受国际粮价及自然灾害影响，玉米价格持续走低，基于这种情况，于忠信带领 4 户村民，率先发展水稻种植产业，并成立了水稻种植农民专业合作社。经过几年的不懈努力，合作社由最初的 5 户已经壮大到现在的 102 户，其中，有贫困户 49 户。水稻种植面积已发展到 6000 亩，带动了 49 户贫困户 130 人脱贫致富，人均增收 4800 元。目前，合作社聘请了 3 名水稻种植技术人员，常年对水稻种植户进行专业技术指导，并与黑龙江省八一农垦大学、大庆市农委建立了技术合作关系，定期邀请农业技术专家及教授到林甸县开展水稻种植讲座和技术培训。东胜村之前种植的是旱稻，由于产量低、质量差，仅自给自足。通过旱改水工程建设和合作社的建立，生产的水稻不仅供自家消费，还实现了外销。这充分说明了东胜村成立农业专业合作社的必要性。

四 发展"嵌入性"乡村扶贫模式

嵌入式乡村扶贫模式是主要通过部门挂钩、干部驻村等方式，对东胜村进行帮扶，发挥驻村干部在政策、信息、协调等方面的优势，助推东胜村加快实现脱贫致富。东胜村的驻村工作队积极开展工作，通过入户走访，宣传扶贫开发的重大方针政策，帮助落实好各项强农惠农富农政策和扶贫措施。逐户了解贫困户的困难，分析其致贫原因并帮助他们制定脱贫措施，帮助他们排忧解难。驻村工作队不单从物质层面也从精神层面带领东胜村村民脱贫，注重提高贫困户脱贫的精神动力。东胜村驻村工作队驻村期间的工作主要有对春耕时期村民遇上的难题进行了询问和比对。对驻村工作队重点包扶的 14 名鳏寡孤独老人进行慰问,前后共计发放万余元的药品、食品等生活必需品。帮助村民购买体育器材 100 余件,活动室设施 20 余套。帮助协调开发水田 6000 余亩。为东胜村幸福大院群众生活基础设施投入健身器械,生活必需品,为东胜村的脱贫攻坚任务增强了很大的战斗力。因此,东胜村发展嵌入性扶贫模式对该村的脱贫攻坚具有重要的意义。

五 探索财政专项扶贫资金资本化运作模式

扶贫资金的"资本化",简单理解是将扶贫资金以资本入股等形式投入企业或其他经济组织,按股量化,待企业或者其他经济组织获得收益后,对贫困户按股分红,从而实现"扶贫资金"向"资本"的转变。在全国的扶贫攻坚中有许多值得借鉴的财政专项扶贫资金资本化运作模式。如云南省大理祥云县的专项扶贫资金资本化运作模式。由于辖区内土地大量流转给了农业龙头企业,祥云县沙龙镇 7 个村和刘厂镇东甸村便将财政产业扶贫资金统一入股到辖区内的农业龙头企业,将扶贫资金进行资本化运作,这些农业龙头企业每年对贫困户按股保底分红。如果贫困户有发展需求的,这些企业负责提供种苗和技术服务。沙龙镇通过动员农户,将财政到户产业扶持资金 2000 元或 3000 元统一入股到辖区内的 2 家农业企业,每年定期分红。刘厂镇东甸村将整村30%的产业资金，即30万元统一入股给辖区内的泰兴公司，并折股量化给全村建档立卡贫困户，每户每年股金收入500元。东胜村可以利用丰富的土地资源借鉴该模式，将部分土地流转给当地农业龙头企业，将专项扶贫资金进行资本化运作，实现保底分红。一方面使得贫困户有土地流转收入、保底分红收益；另一方面可以使得贫困户通过进行农业生产或者从事其他劳务活动获得收入。同时要对贫困户入股的企业等经济组织进行监督，确保财政专项扶贫资金的保值和增值，确保贫困户得到分红。

六 跨区域合作式扶贫模式

开展跨区域合作的优点在于可以实现优势互补、资源共享。东胜村的资源优势在于其集中连片的土地资源、适宜的气候、丰富的劳动力资源。东胜村资源的劣势在于其资金的缺乏、农业技术的落后、发展门路的缺乏。具体来讲，东胜村的土地肥沃、集中连片，但是大部分优良的土地被用来种植玉米，玉米是耗水量大、销售价格低的农作物，农户依靠玉米种植获得的收入较低。东胜村将自身丰富的土地资源进行有效的开发利用，进而提高农户从土地资源获得的收入是十分必要的。东胜村气候湿润、空气清新，生活节奏慢，是十分适合乡村旅游的地方，旅游资源的适当开发将会给东胜村和当地农户带来一笔可观的收入。除此之外，由于大量的青壮劳动力在家务农，东胜村有十分丰富的劳动力资源。东胜村的农户收入低，农业耕作方式主要是手工耕作，农业技术落后，机械化水平低。又由于当地大部分村民文化水平较低，社会资源缺乏，难以寻得适合的发展门路，限制了东胜村的发展。跨区域合作既可以跨村、跨乡、跨县、跨市，也可以跨省。东胜村可以生产合作地区需要的农产品，然后销售给其合作地区；可以定期组织合作地区的人口来东胜村体验乡村生活；也可以将本地丰富的劳动力资源向合作地区转移。合作地区向东胜村提供农业生产技术、帮助当地开发旅游资源、对当地的劳动力进行培训等，实现资源共享，互利共赢。

七 培育新型农业经营主体，建立农业产业化发展模式

在东胜村调研时发现，东胜村的农户大部分以家庭为单位的小规模经营方式为主进行生产经营活动。专业大户、家庭农场、农民合作社、农业产业化龙头企业较少。专业大户具有规模大、专业化程度高的特点；家庭农场集产供销一体，商品化、规模化、专业化程度较高；农民合作社规模大、专业化程度高、分工明确、生产效率高、市场化程度高；龙头企业的规模、专业化、生产效率、市场化、商品化均要高于以上三种生产经营方式。培育新型农业经营主体对加快转变东胜村农业经营方式，推动东胜村的农业生产方式向商品化、规模化、专业化、市场化转变，对提高当地的农业生产效率和推动当地的现代农业发展具有重要的意义。同时对当地村民具有较好的带动作

用，也可以帮助解决当地剩余劳动力就业问题。培育新型职业农民，支持有文化、懂技术、善经营的农户，通过土地流转、规模经营等方式，发展成专业大户。鼓励和引导具有一定生产规模、资金实力和专业特长的农村种养大户，成立适度规模经营的家庭农场。鼓励和带动村民成立水稻、玉米、大豆、杂豆等农民合作社，引进当地龙头农业企业等带动当地村民脱贫致富。

八 对特困群体继续实施保障式扶贫

我国民政部门对特困人员的认定为同时满足无劳动能力、无生活来源、无法定赡养、抚养、扶养义务人或者其法定义务人无履行义务能力的城乡老年人、残疾人以及未满 16 周岁的未成年人。东胜村的特困群体主要包括 60 岁以上的老年人、未成年孤儿、残疾人等，主要是妇女、老人和儿童等。在被帮扶对象中，有劳动能力的、缺资金、缺技术的或者精神动力不足的贫困户，可以通过外部的帮助、自我的努力实现脱贫。但是没有劳动能力或者无法通过外部的帮助和自身的努力实现脱贫的特困人群是东胜村贫困群体中生活较困难、贫困程度较深的一部分人，无论是社会资源、生产生活资料还是自食其力的能力都严重缺乏，对这部分人群只能进行财政供养，兜底帮扶。东胜村应主要从建立适合特困群体医疗兜底保障机制、特殊教育保障机制、集中供养模式等方面对该村的特困群体进行兜底保障。

参考文献

邓维杰:《精准扶贫的难点、对策与路径选择》,《农村经济》2014 年第 6 期。

董家丰:《少数民族地区信贷精准扶贫研究》,《贵州民族研究》2014 年第 7 期。

葛志军、邢成举:《精准扶贫:内涵,实践困境及其原因阐释——基于宁夏银川两个村庄的调查》,《贵州社会科学》2015 年第 5 期。

公衍勇:《关于精准扶贫的研究综述》,《山东农业工程学院学报》2015 年第 3 期。

黄金梓、段泽孝:《论我国生态扶贫研究的范式转型》,《湖南生态科学学报》2016 年第 1 期。

黄燕霞:《精准脱贫视阈下社会组织参与农村扶贫的出路》,《石家庄铁道大学学报》(社会科学版)2016 年第 3 期。

季轩民、温焜:《新型城镇化视域下我国农村精准扶贫困境及路径研究》,《改革与战略》2016 年第 5 期。

李春明:《精准扶贫的经济学思考》,《理论月刊》2015 年第 11 期。

李鹍:《论精准扶贫的理论意涵,实践经验与路径优化——基于对广东省和湖北恩施的调查比较》,《山西农业大学学报》（社会科学版）2015年第8期。

李延:《精准扶贫绩效考核机制的现实难点与应对》,《青海社会科学》2016年第3期。

刘解龙:《经济新常态中的精准扶贫理论与机制创新》,《湖南社会科学》2015年第4期。

罗江月、唐丽霞:《扶贫瞄准方法与反思的国际研究成果》,《中国农业大学学报》（社会科学版）2014年第4期。

骆方金:《生态扶贫：概念界定及特点》,《改革与开放》2017年第5期。

马尚云:《精准扶贫的困难及对策》,《学习月刊》2014年第19期。

莫光辉:《精准扶贫：中国扶贫开发模式的内生变革与治理突破》,《中国特色社会主义研究》2016年第2期。

莫任珍:《喀斯特地区精准扶贫研究——以贵州省毕节市为例》,《农业与技术》2015年第2期。

沈茂英、杨萍:《生态扶贫内涵及其运行模式研究》,《农村经济》2016年第7期。

世界银行:《世界银行国别报告——中国战胜农村贫困》,中国财政经济出版社,2000。

檀学文、李静:《习近平精准扶贫思想的实践深化研究》,《中国农村经济》2017年第9期。

田景鹍:《精准扶贫的内涵、实践困境及其原因分析——基于务川仡佬族苗族自治县的调查》,《当代经济》2015年第33期。

汪三贵、郭子豪:《论中国的精准扶贫》,《贵州社会科学》

2015 年第 5 期。

王国勇、邢溦:《我国精准扶贫工作机制问题探析》,《农村经济》2015 年第 9 期。

王思铁:《精准扶贫:改"漫灌"为"滴灌"》,《四川党的建设》(农村版)2014 年第 4 期。

吴国宝:《农村小额信贷扶贫试验及其启示》,《改革》1998年第 4 期。

许源源、苏中英:《和谐理念的缺失:农村扶贫瞄准偏离的重要原因》,《贵州社会科学》2007 年第 5 期。

杨秀丽:《精准扶贫的困境及法制化研究》,《学习与探索》2016 年第 1 期。

尧水根:《论精准识别与精准帮扶实践问题及应对》,《农业考古》2016 年第 3 期。

叶静:《近三年关于精准扶贫思想及实践的研究综述》,《福州党校学报》2016 年第 3 期。

余泽梁、于长永:《精准扶贫问题研究述评》,《武汉职业技术学院学报》2016 年第 1 期。

赵和楠、侯石安、祁毓:《民族地区"精准扶贫"的实施难点与改进建议——基于四省民族贫困区的调查》,《学习与实践》2017 年第 2 期。

郑瑞强、曹国庆:《基于大数据思维的精准扶贫机制研究》,《贵州社会科学》2015 年第 8 期。

左停、杨雨鑫、钟玲:《精准扶贫:技术靶向、理论解析和现实挑战》,《贵州社会科学》2015 年第 8 期。

A. Ganesh Kumar, *Falling Agricultural Investment and Its*

参考文献

147

Consequences (*Economic and Political Weekly*, 1992).

Shenggen Fan, Linxiu Zhang and Xiaobo Zhong, *Growth, Inequality, and Poverty in Rural China: The Role of Public Investments.Research Report* 125 (Washington, D.C.: International Food Policy Research Institute, 2002).

NG Wing-Fai, *Poverty Alleviation in the Ningxia Hui Autonomous Region, China*, 1983–1992 (Hong Kong: The Chinese University of Hong Kong, 2000).

Riskin, Mehta, Zhong, et al., *Rural Poverty Alleviation in China: An Assessment and Recommendation*, Report prepared for UNDP, 1996.

Sen Amartya, *Commodities and Capacities* (Amsterdam: North Holland, 1985).

World Bank, *Attacking Poverty* (Cambridge: Oxford University Press, 2001).

精准扶贫精准脱贫百村调研 · 东胜村卷

——

后　记

　　林甸县东胜村地理位置偏北，距离县城差不多半个小时的路程，地广人稀，土地肥沃，人均耕地多，适合进行规模化和产业化农业生产，但是其机械化、科技化水平较低。该村种植的农作物主要是常见的玉米、大豆等，这些农产品销售价格较低，相对一些特色农产品经济附加值较低。该村丰富和肥沃的土地资源优势并未能转化为经济优势，没能给当地村民带来较高的收入。东胜村未能避免成为贫困村。驱车在东胜村的主干道上，当看见散落在村里的一栋栋土房时，非常使人吃惊，印象中的土房是存在很多年前的记忆中的，没想到现在还可以看见土房。后来才明白就像黑龙江这边通过炕取暖一样，住土房也是一种习惯，毕竟土房有冬暖夏凉、建造成本低的特点。在做入户问卷调研过程中，了解到大部分村民家的生活状况并不太好，让人觉得东胜村被认定为贫困村是有一定的合理性的。无论是建档立卡户还是一般的农户，住土房的家庭还是比较多的。其中许多的农户家院子里散养着鸡鸭鹅等家禽，院子里随处可见家禽的粪便，院子里的环境比较差。村民家里的家电一般是洗衣机、电视机，其他的家电比较少，虽说不上家徒四壁，却也没有太多的家电。东胜村有一个特点是家庭人口相对其他调研点较少，一般家里有2~4口人。像其他的调研点一样，这里的村民同样朴实和热情。即使他们当中很多人住着土房，或者收入比较低，但是黑龙江人自带的幽默感、性情豪爽，并不使人觉得他们的贫困是精神动力不足带来的，而是繁重的农活将许多青壮年劳动力限制在农业生产上，从而限制了他们向非农领域的转移性就业和获得更高的收入。东胜村的主干道是柏油路，而村间小道一般是泥土路，使得村民的出行不太方便。村子田野环境优美，空气清新，村民在生活上也感到很幸福和满足，但是在疾病和残疾的状态下再容易满足的人也难以承受病痛的折磨和残疾带来的生活不便。能感受到使东胜村贫困户的精神状态不太好或者对生活不太满意的地方就是疾病的折磨了。大部分患疾病的村民参保了新农合，医疗费也得到了一定比例的报销，可是如何使他们降低患病发生率，减轻病痛的折磨，获得长久的幸福与安康是一个待解决的问题。

课题组调研过程中，得了到林甸县委县政府、县扶贫办、四合乡党委和乡政府、东胜村两委班子的大力支持，在此一并表示感谢。

林甸县精准扶贫调研课题组

2018 年 8 月

图书在版编目（CIP）数据

精准扶贫精准脱贫百村调研. 东胜村卷：稻米产业
精准帮扶 / 王昌海著. -- 北京：社会科学文献出版社，
2018.12

ISBN 978-7-5201-3923-6

Ⅰ. ①精… Ⅱ. ①王… Ⅲ. ①农村-扶贫-调查报告
-林甸县 Ⅳ. ①F323.8

中国版本图书馆CIP数据核字（2018）第261509号

· 精准扶贫精准脱贫百村调研丛书 ·

精准扶贫精准脱贫百村调研·东胜村卷
——稻米产业精准帮扶

著　者 / 王昌海

出 版 人 / 谢寿光
项目统筹 / 邓泳红　陈　颖
责任编辑 / 郑庆寰

出　　版 / 社会科学文献出版社·皮书出版分社（010）59367127
　　　　　　地址：北京市北三环中路甲29号院华龙大厦　邮编：100029
　　　　　　网址：www.ssap.com.cn
发　　行 / 市场营销中心（010）59367081　59367083
印　　装 / 三河市东方印刷有限公司

规　　格 / 开　本：787mm×1092mm　1/16
　　　　　　印　张：10.5　字　数：104千字
版　　次 / 2018年12月第1版　2018年12月第1次印刷
书　　号 / ISBN 978-7-5201-3923-6
定　　价 / 59.00元